MARATONES
DEL MUNDO

Primera edición: Octubre de 2013

© Hugh Jones y Alexander James
© New Holland Publishers (UK), 2012, *Marathons of the world*
© 9 Grupo Editorial / Lectio Ediciones

Edita:
9 Grupo Editorial
Lectio Ediciones
C/ Muntaner, 200, ático 8ª
08036 Barcelona
Tel. (+34) 977 60 25 91 / (+34) 93 363 08 23
www.lectio.es
lectio@lectio.es

Traducción: Juanjo Estrella

ISBN: 978-84-15088-84-4
DL T 404-2013

A pesar de que los contenidos han sido minuciosamente comprobados inmediatamente antes de la entrada del libro a imprenta, las informaciones referentes a las maratones pueden ser modificadas por los organizadores. Al planear la participación en una maratón, conviene verificar los detalles en la página web correspondiente.

MARATONES
DEL MUNDO

Hugh Jones y
Alexander James

ediciones
Lectio

Índice | Del este al oeste

Introducción

Seleccionar sólo 50 carreras para incluirlas en el presente libro ha sido una misión más difícil de lo que a primera vista pudiera parecer. En la actualidad se celebran muchísimas maratones en casi todos los países y territorios del mundo —desde el Polo Norte hasta el desierto del Sáhara, así como en islas tan pequeñas que sus organizadores tienen dificultades para marcar trazados de 42,2 kilómetros. La gran cantidad de eventos en oferta aturde la imaginación.

Cuesta creer que la primera maratón (descontando la de la leyenda antigua) se celebrara hace poco más de cien años, y que este tipo de eventos deportivos populares que hoy damos por sentados no surgiera sino a finales de la década de 1970. La leyenda griega cuenta la historia de Filípides, un mensajero al que enviaron desde la batalla de Maratón hasta Atenas para que informara de la victoria sobre los ejércitos persas. Exhausto, murió al llegar, tras recorrer una distancia que, según se cree en la actualidad, era superior a la de las maratones modernas. El atractivo romántico de la historia inspiró a Michael Breal, un prestigioso filólogo, que logró convencer a su amigo, el barón Pierre de Coubertin, fundador de los Juegos Olímpicos modernos, de que incluyera una carrera de larga distancia entre Maratón y Atenas durante la celebración de los primeros, en el verano de 1896.

Arriba: Los puentes están presentes en muchas maratones y ofrecen vistas espectaculares.

Izquierda: La Maratón de Roma es un evento de primera clase, con atletas de todo el mundo recorriendo la ciudad.

La primera maratón fue, de hecho, una carrera campo a través que se celebró varios meses antes, en abril de 1896, y siguiendo el recorrido original. Aquella carrera olímpica definitoria se desarrolló con gran dramatismo, y los promotores se propusieron emularla desde el principio, sobre todo en Europa y Estados Unidos.

La Maratón de Boston nació al año siguiente. Ha demostrado ser la más resistente, pues no dejó de celebrarse ni durante las dos Guerras Mundiales ni mientras duró la Gran Depresión y, tras algunos años algo flojos en la década de 1980, se reinventó, adoptando una fórmula más popular. En Inglaterra, la Maratón Politécnica (la «Poly») desde Windsor hasta Chiswick, se corrió por primera vez en 1909, tras la maratón olímpica de los Juegos de Londres de 1908, y siguió una trayectoria similar. Durante las décadas de 1950 y 1960 se batieron muchos récords mundiales en ese circuito, pero la carrera empezó a languidecer en la década de 1990, a medida que la nueva generación de grandes maratones urbanas tomaba el relevo.

La «fórmula popular» de la maratón como carrera la concibió Fred Lebow, un neoyorquino y corredor empedernido, gracias a un cúmulo de circunstancias fortuitas, el «momento eureka» del mundo de las carreras. Antes de ese momento, las maratones las corrían, por lo general, un grupo de atletas de élite, casi siempre hombres, que debían llegar a la meta en un tiempo fijado máximo y, si no lo lograban, eran invitados a abandonar la

Arriba: El aire puro y los paisajes espectaculares son dos de los atractivos de la Maratón del Jungfrau, en Suiza.

competición. Lebow, que había organizado la Maratón de Nueva York en 1970 como una carrera de cuatro vueltas alrededor de Central Park, siguió el consejo de un corredor de fondo local, Ted Corbett, de que ampliara la carrera a «toda la ciudad» para hacerla más atractiva. El ayuntamiento aceptó la idea, pero la malinterpretó, pues consideró que se trataba de llevarla por los cinco distritos de la ciudad con motivo de la conmemoración del bicentenario de la independencia de Estados Unidos, que debía celebrarse en 1976. Y así, en sólo un año el número de participantes llegó a los 2.090 en 1975, 534 más que en la edición anterior. El espectáculo que pudo verse entusiasmó tanto a la gente que se produjo un rápido aumento de participación, y en 1980 fueron 14.000 los corredores que se congregaron en la línea de salida.

El «boom de las carreras», como pasó a conocerse, que se había iniciado en Nueva York a mediados de la década de 1970, llegó a Europa a principios de la de 1980. En Japón, las

maratones ya estaban firmemente implantadas en la conciencia colectiva: la de Fukukoya había desbancado a la «Poly» londinense como escenario propicio para batir récords mundiales ya a finales de 1960. Sin embargo, para la mayoría de japoneses, se trataba de una disciplina deportiva que disfrutaban como espectadores, pues sólo podían participar en ella corredores de élite. Muchos atletas japoneses se desplazaban al extranjero en busca de grandes maratones urbanas en las que poder participar. Entre los organizadores nipones fue creciendo la presión para que abrieran sus eventos a la participación de masas. Finalmente, tras un largo y detallado estudio de las carreras que se celebraban en otros países, eso fue lo que hicieron, concretamente en 2007, y su iniciativa obtuvo un éxito inmediato.

Las maratones han conquistado las grandes ciudades del mundo, y llegan cada vez a destinos más remotos, con vistas, sobre todo, a atraer al «corredor-turista». Si bien es cierto que muchas de las maratones urbanas atraen a un número significativo de extranjeros y contribuyen en gran mediad a la economía local, otras, como en el caso de la Maratón de la Gran Muralla, en China, atraen a una clientela casi exclusivamente turística. En la Maratón Australiana del Outback, que tiene lugar cerca del Monte Uluru, ocurre lo mismo, aunque en ese caso la inmensa mayoría de los participantes sean australianos. Los atractivos son obvios: si eres lo bastante aventurero para correr una maratón, la idea de hacerlo en una ubicación atractiva proporciona un incentivo suplementario.

Yo llegué a las maratones cuando éstas eran aún un deporte de élite. La gente que ha empezado a correr a partir de la década de 1980 lo ha hecho sobre todo para participar, más que para competir. No es que se trate de dos motivaciones mutuamente excluyentes, pero las perspectivas que aportan son distintas. En tanto que corredor de maratones profesional, yo corría donde podía irme mejor, y donde mis resultados me dieran más puntos. Por esa razón, me inscribía en Nueva York, Tokio, Londres, Chicago y Pequín; no en los eventos que ofrecían las carreras más difíciles o más bonitas en los escenarios más exóticos, sino en las más rápidas, en aquellas en las que pudiera quedar en una mejor posición. Todos los récords mundiales se han establecido en las carreras de mayor presupuesto, pues éstas son las que atraen a los corredores profesionales. Nueva York es el mayor de estos actos, y los premiados obtienen una importante remuneración económica.

La mayoría de corredores interesados en las marcas, en uno u otro momento, optará por carreras «rápidas» a fin de obtener ese tan discutido «mejor tiempo personal», pero también es posible

que se sienta atraída por eventos que prometan una experiencia memorable y distinta. En mi caso, la que me ofreció una vivencia completamente diferente fue la Maratón del Sáhara. Como ocurre en otras carreras de aventura que se enumeran en el libro —como la Maratón de la Gran Muralla y la del Polo Norte—, los atletas se conocen antes incluso de llegar al punto de partida. Normalmente se crean vínculos que no hacen sino fortalecerse a medida que se acerca el inicio de la carrera, pues los participantes comparten alojamiento en los hogares de los refugiados saharauis y conocen el lugar de manera profunda.

Corras donde corras, las maratones te permiten una mayor sensación de implicación con una ciudad o un país de la que puede tener un visitante con un tipo de itinerario más indefinido, ya sea en tu país o en el extranjero. Para el corredor social, el reto de recorrer una distancia tan larga grabará en su memoria recuerdos especiales, sea cual sea el destino. La posibilidad de participar en una carrera junto a atletas de élite resulta atractiva; una maratón es el único evento deportivo en el que las masas pueden tomar parte en la misma carrera, simultáneamente, que los mejores del mundo.

Las maratones aportan también un sentido de compromiso, en cuanto que emprendes un viaje y te mantienes en él hasta el final. Mi victoria en la segunda Maratón de Londres, en 1982, me dio una abrumadora sensación de alivio. Yo creía que sería capaz de

Arriba: La aparición de muchas maratones para turistas es una oportunidad para visitar ciudades y países exóticos.

Derecha: Millenium Park, uno de los escenarios de la Maratón de Chicago.

lograrla, y había otras personas que parecían compartir la misma opinión, pero sólo al cruzar la línea de meta se convirtió en realidad. En su mayoría, las experiencias en maratones serán menos intensas que esa, y tal vez se aprecien y se disfruten más si el corredor concentra su atención más en participar que en obtener un resultado concreto. Para muchos de los que corren una maratón por primera vez, el día del evento supondrá el final del viaje, un viaje precedido por meses de preparación física y mental, de horarios de entrenamiento y disciplina autoimpuesta para que esa jornada se desarrolle sin lesiones y se disfrute más. En el caso de los corredores experimentados, que saben de qué son capaces sus cuerpos, conseguir una mejor marca puede convertirse en un catalizador que les lleve a inscribirse en una carrera. Tanto si el tiempo que tardas en completar la maratón es de dos horas y media como si es de seis horas, la satisfacción por haber superado un reto personal, por haber mejorado en unos segundos, o en unos minutos, una marca anterior, puede ser inmensa.

Las carreras que se describen en este libro ofrecen una gran variedad de experiencias. El mundo está ahí, esperándote, y como participante en maratones estás bien posicionado para conquistarlo. Correr en maratones exige compromiso, y sentido del propósito, y resultará gratificante en cualquier circunstancia en que tenga lugar. Consulta las páginas siguientes y echa un vistazo a los lugares mágicos a los que podrá llevarte.

Hugh Jones

Arriba: Los participantes de la Maratón del Sáhara se alojan en los campos de refugiados, y ello les permite conocer de cerca la difícil situación de los saharauis.

Maratón de Auckland | Nueva Zelanda

Para la mayoría de corredores, la Maratón de Auckland queda muy, muy lejos, pero el evento ofrece algo para todo el mundo —programa una carrera familiar, otra de 5 kilómetros, así como un cuarto de maratón, media maratón y una maratón completa que se celebran, todas, simultáneamente. Sólo la maratón y la media maratón pasan sobre el Puente de la Bahía de Auckland, que es el hito más destacado de la carrera.

La maratón la fundó el YMCA Marathon Club en 1994, y consistía en dos vueltas que recorrían el frente marítimo de Tamaki Drive, situado al este del centro urbano. Pero sólo cuando se cambió el recorrido y éste pasó a incluir el cruce del puente y el centro de la ciudad, la carrera alcanzó el perfil internacional que los organizadores buscaban. Las cifras de participación crecieron, y en la actualidad corren en ella 14.000 personas, algo más de la mitad, mujeres.

Antes del amanecer, los corredores abordan una flotilla de ferris dispuestos para la ocasión que les llevan desde el centro de la ciudad hasta el otro extremo de Puerto de Waitemata. Ese inicio temprano es una buena solución al problema logístico que plantea llevar a los corredores de un extremo al otro del puente en el tiempo disponible, que es limitado; el puente debe ser abierto de nuevo al tráfico a las 9.45 de la mañana, pase lo que pase. Así pues, los corredores inician la marcha a las 6.10 de la madrugada y los que participan en la media maratón les siguen a las siete en punto, lo que les da un margen generoso para alcanzar el punto crucial de los 13 kilómetros, a partir del cual acceden al puente; si no llegan a tiempo, les piden que den media vuelta.

Desde el punto de partida, en Torpedo Bay, los corredores se dirigen hacia el norte, desde el giro de la península en dirección a tierra firme que constituye Takapuna, a ocho kilómetros de marcha. A continuación avanzan hacia el sur, hacia el puente. Descendiendo a través del Point Erin Park, los participantes siguen rumbo al este, en paralelo a la línea de la costa, en dirección al centro de la ciudad. Antes de llegar, los corredores de la media maratón giran y terminan en Victoria Park, pero los de la maratón completa bordean el centro urbano pasando por el muelle, y van a dar a la vía rápida que les lleva al punto de retorno, a 30 kilómetros del punto de salida.

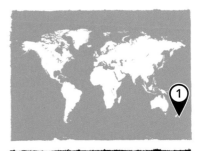

UNA VEZ ALLÍ

El **monte Edén** es un cráter volcánico durmiente situado a las afueras de Auckland. Una vez en la cima, recompensa al «escalador» con vistas fabulosas del perfil de la ciudad. Una experiencia similar la proporciona la **Sky Tower**, la construcción humana más alta del país, que se alza en el centro. Queen Street y el centro son los mejores lugares para comer. No te vayas sin visitar las playas de Auckland, como la de **Takapuna**. Si te gusta la vida salvaje, contrata una **excursión para ver delfines y ballenas**. Ver www.tourismnewzealand.com

Las zonas residenciales acomodadas se inician en un tramo en que los corredores disfrutan de las espectaculares vistas del puerto mientras recorren otros cinco kilómetros, hasta el punto de retorno, situado en St. Helier Bay.

Desandando el tercer cuarto de la ruta hasta la meta, situada en Victoria Park, la «Fiesta del Parque» da la bienvenida a los fatigados participantes que completan la carrera, y lo hace con bandas de música, diversiones y una gran variedad de puestos de avituallamiento al servicio de las 38.000 personas que, según se calcula, asisten a las celebraciones. Se trata de una experiencia muy distinta del tranquilo viaje en ferri por la bahía, pero que pone un broche adecuado a la dura competición. El tiempo medio de la maratón son unas impresionantes cuatro horas y media, y la mayoría de corredores están ya de vuelta en sus casas cuando todavía queda casi todo el día por delante.

Derecha: La Sky Tower se alza al fondo, hito visible e icono de toda la carrera.

Abajo: El puente marca el final del tramo más accidentado de la carrera, aunque la pendiente para acceder hasta él es la más pronunciada.

DATOS DE LA CARRERA

CUÁNDO: Octubre
INSCRIPCIÓN: Julio
N° DE PARTICIPANTES: 15.000
NIVEL DE DIFICULTAD: 6/10
CONSIDERACIONES ESPECIALES: Algo montañosa al principio, pero plana después. Puede hacer viento, por lo que hay que mantener una buena hidratación.

CONTACTO:
Adidas Auckland Marathon
M129, Private Bag 300987
Albany
Auckland, Nueva Zelanda
☎ +64 (0)9 415 0617
✉ racedirector@aucklandmarathon.co.nz
🖥 www.aucklandmarathon.co.nz

Maratón de Sidney | Australia

Los Juegos Olímpicos celebrados en Sidney en el año 2000 permitieron dar a conocer al mundo entero un entorno muy propicio al deporte. Una de las herencias olímpicas es la Blackmore's Festival of Running Sidney Marathon.

La Maratón de Sidney (para abreviar) es el único evento surgido de los Juegos Olímpicos del año 2000 abierto a la participación popular. Ya en su primera edición atrajo a 7.500 participantes. La cifra no ha dejado de aumentar, y en la actualidad es uno de los acontecimientos deportivos más importantes de Australia. Su atractivo resulta evidente —el trazado incluye el famoso puente de la bahía de Sidney, desde donde se divisan el puerto, el edificio de la Ópera y el Jardín Botánico.

La meta está instalada frente al edificio de la Ópera de Sidney, declarado Patrimonio de la Humanidad, y lo mejor de esta fiesta del atletismo es que todos esos impresionantes lugares se ven sea cual sea la modalidad de carrera escogida: la media maratón, los nueve kilómetros con cruce de puente, los cuatro kilómetros (carrera de diversión familiar), que se celebran todos durante el mismo evento. Los organizadores se esfuerzan todo lo que pueden por hacer honor al eslogan del acto: «The run that's fun for everyone» [La carrera divertida para todos]. La versión familiar discurre por una vía que va directa a la Ópera; la carrera del puente parte de él y tiene una vuelta, y la maratón y la media maratón recorren el centro urbano en un trazado intrincado con varios giros bruscos. La maratón consigue la distancia estipulada llevando a los corredores por una ruta sinuosa hacia el sureste del centro de la ciudad, y entrando y bordeando el Centennial Park. La carrera presenta subidas y bajadas, pero incluye también varios tramos planos. La temperatura suele oscilar entre los 19 °C y los 21 °C, con brisas ocasionales que ayudan a refrescar.

La idea de organizar no tanto una carrera como una fiesta deportiva tiene que ver con la voluntad de hacer que participar en uno u otro evento resulte fácil y divertido. Sin duda, los organizadores han conseguido su meta, pues un total de 30.000 personas salen a la calle en Sidney, aunque algunas de ellas realicen la totalidad de recorrido caminando.

UNA VEZ ALLÍ

No te cansarás nunca de admirar la belleza de la **Bahía de Sidney** y el perfil de la ciudad, incluidos el puente y la Ópera. Una excelente manera de contemplarla es desde el agua, tomando uno de los muchos ferris que zarpan del puerto. No te alejes mucho del mar y date un banquete en el mercado de pescado de **Pyrmont**. O llévate algo crudo a las playas de **Bondi o Coogee**, y prepara una barbacoa.

Derecha: Los hitos más destacados de la ciudad son visibles en la Maratón de Sidney.

DATOS DE LA CARRERA

CUÁNDO: Septiembre
INSCRIPCIÓN: Junio
N° DE PARTICIPANTES: 30.000
NIVEL DE DIFICULTAD: 7/10
CONSIDERACIONES ESPECIALES:
La carrera tiene subidas y bajadas. Lleva
tus propios geles energéticos.

CONTACTO:
Sydney Running Festival
Level 2, 5 Queen St
Chippendale
NSW, Australia
☎ +61 2 9282 0400
✉ info@sydneyrunningfestival.org
🖥 www.sydneyrunningfestival.com.au

Maratón del Outback Australiano | Australia

El elemento más identificable del Outback australiano, el monte Uluru, también conocido como Ayers Rock, es un centro espiritual para los aborígenes de Australia. Los que corren en presencia del resplandor rojo que emite aseguran que se trata de una experiencia única.

Correr en ese evento te permitirá conocer de cerca la «tierra roja» del centro de Australia. Ello es así porque la maratón, la media maratón y las carreras de 11 y 6 kilómetros pasan por terrenos privados que no sólo no son accesibles a los visitantes particulares, sino que quedan fuera del alcance de las personas que viven y trabajan en Yulara y la zona circundante.

La Maratón del Outback Australiano la concibieron durante una
visita al monte Uluru, en 2004, dos visionarios de las carreras, Mari-
Mar y Michael Walton. Ambos trabajaban en representación de una
agencia llamada Travelling Fit. Era la primera vez que estaban en
Uluru, y les causó una gran impresión. Supieron al momento que
sería el escenario perfecto para una carrera. Tras varios años
trabajando en la idea, finalmente, en 2008, obtuvieron los permisos,
y con ellos nació la Maratón del Outback Australiano.

La Maratón del Outback Australiano la concibieron durante una
visita al monte Uluru, en 2004, dos visionarios de las carreras, Mari-
Mar y Michael Walton. Ambos trabajaban en representación de una
agencia llamada Travelling Fit. Era la primera vez que estaban en
Uluru, y les causó una gran impresión. Supieron al momento que
sería el escenario perfecto para una carrera. Tras varios años
trabajando en la idea, finalmente, en 2008, obtuvieron los permisos,
y con ellos nació la Maratón del Outback Australiano.

El asombroso paisaje de Uluru y Kata Kjuta (un importante
conjunto de formaciones rocosas que en la zona se conoce
como Las Olgas), permite tanto a participantes como a
espectadores apreciar las vistas de un lugar declarado
Patrimonio de la Humanidad desde prácticamente todos los
puntos del trazado. Sin embargo, sólo cuando esas formas
monolíticas se divisan a lo lejos se capta del todo su grandeza
y su majestuosidad. Dado que los espectadores que presencian
la carrera son pocos, los corredores sienten una gran sensación
de comunión con el espíritu del Outback australiano.

Hay aproximadamente dos kilómetros de carreteras
pavimentadas en la carrera, así como otros dos kilómetros de
carreteras de grava, y a pesar del polvo y la tierra, la ruta ofrece
por lo general un buen agarre. Como el área fue en un pasado
remoto un fondo marino, el recorrido es plano, aunque hay que
superar unas pocas dunas de arena que animan la carrera, y las
vistas desde lo alto cortan el aliento.

UNA VEZ ALLÍ

Se organiza una **cena de
celebración** como parte de la
maratón, que tiene lugar al aire
libre en una zona privada. A la
llegada se sirve champán y
canapés, y la velada es
amenizada por un **virtuoso del
didgeridoo** de la propia
organización, que toca mientras
se pone el sol tras el monte
Uluru. De noche, búscate a **un
astrónomo** que te señale in situ
las constelaciones, pues allí no
hay ni rastro de contaminación
atmosférica que nuble el brillo
del firmamento nocturno.
Ver australiasoutback.com

Página anterior: Paisaje espectacular y
campo bajo son dos de los atractivos
aspectos de esta carrera.

Arriba: Correr en el «centro rojo»,
como se conoce a esta parte del
inmenso Outback, te hace sentir casi
como si estuvieras en otro planeta.

Derecha: Los caminos y senderos de
la maratón están hechos con la
famosa tierra roja que rodea el
complejo de Ayers Rock.

DATOS DE LA CARRERA

CUÁNDO: Julio
INSCRIPCIÓN: Febrero
N° DE PARTICIPANTES: 2.000
NIVEL DE DIFICULTAD: 6/10
CONSIDERACIONES ESPECIALES:
Terreno caluroso y seco, como cabe
esperar de esta parte de la Tierra; un
paisaje impredecible que exige resistencia
y adaptabilidad.

CONTACTO:
Travelling Fit
Level 1, Suite 5
66 Terrigal Espalanade
Terrigal, NSW, Australia
☎ +61 2 4385 2455
✉ sales@australianoutbackmarathon.com
🖥 www.australianoutbackmarathon.com

Maratón de Tokio | Japón

Japón es uno de los países más destacados del mundo en lo que se refiere a las maratones. El historial de la maratón olímpica del país, entre 1936 y el año presente, no tiene rival. La clave de ello ha sido una dedicación inquebrantable a la participación de élite. Tradicionalmente, las maratones celebradas en Japón han sido campos restringidos a unas pocas docenas de hombres y mujeres de gran talla atlética, con carreras separadas por sexos, según el modelo de campeonato. Para esos eventos se reservaban las vías públicas según un sistema de «cierre limitado», y si los corredores no cumplían con un tiempo mínimo y no terminaban en dos horas y media o tres horas, eran retirados por un coche escoba.

Si eras un ciudadano japonés de a pie y querías participar en una maratón, te resultaba más fácil montarte en un avión y trasladarte a Honolulu, Estados Unidos, donde en su carrera también participaban muchos otros corredores japoneses. Pero todo ello cambió con la llegada de la primera maratón de masas del país, que se celebró en 2007: la Maratón de Tokio. Desde 1981, las maratones japonesas se habían adherido al modelo elitista descrito arriba, pero tras observar detalladamente las carreras populares del resto del mundo y pasar varios años planificando su evento inaugural, la Maratón de Tokio entró en el mundo con la fuerza de una tormenta.

La carrera de aquel año 2007 fue, literalmente, un aguacero, porque llovió con intensidad durante todo el recorrido. Aun así, tal es la querencia que los japoneses tienen por esa carrera que las condiciones climáticas no hicieron mella en sus ánimos. Aquella primera convocatoria fue secundada por unos participantes ávidos, y en la actualidad, las solicitudes duplican o triplican el número de plazas disponibles. No hay señales de que la historia de amor entre los japoneses y la maratón se esté agotando, pues son numerosas las ciudades niponas que siguen el ejemplo de Tokio y convierten sus eventos en celebraciones populares (entre ellas Osaka, Kioto, Nagoya, Kobe…).

Lo que define el ambiente de la Maratón de Tokio es la entrega de la ciudad al evento. Los apoyos son intensos, y siempre ha habido un gran entusiasmo por parte del público, ya cuando las multitudes que observaban desde las aceras apoyaban a sus héroes nacionales, y no a sus seres queridos.

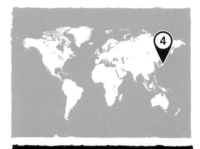

UNA VEZ ALLÍ

El paisaje de Tokio es el más populoso del mundo, y sus construcciones high-tech nunca dejan de causar asombro. Entre los monumentos históricos, no deberías perderte los **templos de Asakusa**, el **Palacio Imperial** y el **Santuario Meji**. Para captar mejor la metrópolis, súbete a lo alto del **Edificio del Gobierno Metropolitano de Tokio**, desde donde podrás contemplar, gratuitamente, una buena vista de la ciudad. Ver www.seejapan.co.uk

Derecha: Participar en maratones es un deporte de cierta importancia en Japón, donde el evento cuenta con un gran apoyo popular.

DATOS DE LA CARRERA

CUÁNDO: Febrero
INSCRIPCIÓN: Un año antes
Nº DE PARTICIPANTES: 35.000
NIVEL DE DIFICULTAD: 4/10
CONSIDERACIONES ESPECIALES:
Carrera rápida y en plano que,
sorprendentemente, resulta muy poco
congestionada. Ve preparado para unas
condiciones meteorológicas
impredecibles, y para el viento.

CONTACTO:
KNT Tokyo Marathon Entry Desk
Kinki Nippon Tourist Co, Ltd (KNT)
Global Business Management Branch
Sumitomo-shoji kanda -Izumi-cho Bldg
12F,1–13 Kanda-Izumi-cho, Chiyoda-ku
Tokyo 101-0024, Japón
☎ +813 6891 9600
✉
🖥 www.tokyo42195.org

El pistoletazo de salida se da junto al Edificio del Gobierno Metropolitano de Tokio, y los corredores descienden por una pendiente en dirección al santuario Yasukuni, antes de girar y pasar junto al Palacio Imperial y dirigirse al parque Hibiya. La distancia que separa el kilómetro 11 del 32 es relativamente plana, pero el reto llega en el último cuarto de carrera, cuando los corredores deben sacar de algún lado la energía para ascender tres puentes.

A la maratón de Tokio llegan corredores de hasta 49 países diferentes, lo que no está nada mal teniendo en cuenta que hace sólo unos años sólo podía participarse en ella por invitación. Los organizadores desean que la participación internacional aumente, y al parecer hay mucha gente dispuesta a complacerles, ávida de experimentar las novedades del país del mundo más entregado a las maratones. Tras el devastador terremoto y posterior tsunami de 2011, las ediciones futuras del evento destinarán un porcentaje de los beneficios a paliar las consecuencias del desastre.

Arriba: El parque Shiba es un escenario embemático del primer tramo de la maratón, generalmente bien soportado por los atletas.

Maratón de Pequín | China

Como sucede con el tigre económico chino, este espectáculo deportivo evoluciona con el mismo ímpetu. La Maratón de Pequín ha pasado de ser un evento minoritario a convertirse en una carrera que brilla con la chispa de una ciudad próspera.

En 1980, se celebró en Pequín una conferencia deportiva nacional en la que se decidió usar el deporte para conectar con el resto del mundo. Un año después se creó la Maratón de Pequín. Un total de 80 corredores varones de élite fueron invitados a participar en aquella primera edición, aunque prácticamente se perdían en la inmensidad de la plaza de Tiananmen, donde se habían situado la línea de salida y la meta. La participación de mujeres no se aceptó hasta 1989, año en que la maratón también se abrió a atletas aficionados. En la actualidad, el número de corredores es ya de 30.000, y la prueba se divide entre la maratón, la media maratón y una carrera lúdica.

La línea de salida y la meta se trasladaron durante bastantes años de la plaza de Tiananmen al Estadio de los Trabajadores, aunque actualmente la salida vuelve a ser desde Tiananmen, igual que durante los Juegos Olímpicos de 2008. Exceptuando los primeros kilómetros, el trazado de la carrera es bastante distinto del que se siguió en la prueba olímpica.

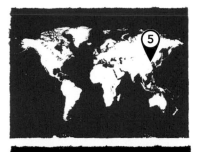

UNA VEZ ALLÍ

Octubre es una de las mejores épocas para visitar la ciudad de Pequín, y siempre puede disfrutarse de un variado programa artístico en el **Teatro Nacional**. También es la estación adecuada para ver la flor de loto en todo su esplendor, así como las tonalidades rojizas de las hojas del arce. Incluso se celebra una Fiesta de la Hoja del Arce en el extremo occidental de la ciudad, en la zona conocida como **Xiangshan**.

La mejor actividad nocturna se encuentra en las calles **Houhai Bar** y Sanlitun Bar.

Izquierda: Pequín ofrece al mundo un espectáculo para la vista el día de la maratón.

Desde la plaza de Tiananmen, la mayor plaza central del mundo, con capacidad para un millón de personas, los corredores pasan frente al Gran Salón del Pueblo, el Monumento a los Héroes del Pueblo, el Mausoleo del Presidente Mao, y la puerta de acceso a la «Ciudad Prohibida», el Palacio Imperial. Toda esa impresionante concentración de edificios se encuentra en los primeros centenares de metros, a los que siguen largos tramos rectos sin gran cosa que ver, a medida que el trazado se interna, sinuoso, en los sectores occidentales de la ciudad.

Abajo: La plaza de Tiananmen es sinónimo de la imagen de China. La carrera arranca ante la foto de Mao.

El Museo Nacional de China y el Parque Zongshan son los hitos más destacados hasta que los corredores alanzan el Estadio Olímpico de 2008, mundialmente conocido como el Nido de Pájaro, junto al que se alza el Centro Acuático Olímpico.

La maratón se celebra todos los años el tercer domingo de octubre, durante el otoño dorado de Pequín, cuando el clima es seco y fresco y la ciudad se encuentra en su mejor momento.

DATOS DE LA CARRERA

CUÁNDO: Octubre
INSCRIPCIÓN: Julio
N° DE PARTICIPANTES: 30.000
NIVEL DE DIFICULTAD: 5/10
CONSIDERACIONES ESPECIALES: La plaza de Tiananmen está sometida a fuertes medidas de seguridad, por lo que conviene llegar una hora antes de la carrera. El tráfico puede ser denso.

CONTACTO:
☎
✉ oc@beijing-marathon.com
🖥 www.beijing-marathon.com/en

La Maratón de la Gran Muralla | China

Si correr una maratón no es para ti una prueba lo suficientemente grande, intenta hacerlo entonces sobre la Gran Muralla China. Subir los 5.164 peldaños de esta estructura mundialmente famosa es uno de los mayores desafíos que puede asumir un atleta.

Muchos han definido la Maratón de la Gran Muralla como la más dura del mundo. Pero también es una de las más pintorescas, pues proporciona la emoción de competir en lo alto de uno de los mayores logros de la humanidad. Construida sobre una cadena montañosa, la muralla sube y baja bruscamente y ofrece en todo momento vistas espectaculares. El tramo del trazado que transcurre sobre la muralla es de 3,5 kilómetros, y el resto se corre sobre asfalto, a través de pueblos cercanos.

DATOS DE LA CARRERA

CUÁNDO: Mayo
INSCRIPCIÓN: Un año antes, debido al reducido aforo
Nº DE PARTICIPANTES: 2.000
NIVEL DE DIFICULTAD: 8/10
CONSIDERACIONES ESPECIALES: Se requiere un gran vigor físico, pues no se trata de correr junto a la muralla, sino de ascender por ella. Se proporciona mucha agua. Si quieres geles, debes llevarlos tú.

CONTACTO:
The Great Wall Marathon, Head Office
Room 1201, Unit 2, Bld A
Fenghuahaojing
6 Guang'anmennel Street
Beijing 100053, China
☎ +86 10 6355 2521
✉ gwm-bookings@263.net.cn
🖥 www.great-wall-marathon.com/

6

UNA VEZ ALLÍ

La hazaña de ingeniería que es la Gran Muralla merece ser visitada con más calma tras la carrera. Uno de los mejores lugares para verla es **Mutianyu**, menos concurrido y rodeado de verdor. La muralla se extiende a través de espectaculares hábitats de naturaleza salvaje, ofreciendo a unos pocos afortunados la ocasión de ver **tigres siberianos**, **pandas gigantes**, **osos negros** y **ciervos Sitka**, que habitan a lo largo de la muralla. Ver www.cnto.org.uk.

El área circundante resulta tan atractiva como la Gran Muralla misma. Huangyaguan, en la provincia de Tianjín, es una zona remota, y la construcción constituye un asombroso telón de fondo mientras la ruta pasa por arrozales y tierras de cultivo, y atraviesa pequeñas aldeas chinas. Son los restos de una país que desaparece rápidamente, una región que todavía no ha vivido el boom de la construcción y la economía creciente de la capital, de la que se encuentra a apenas a tres horas por carretera.

Los corredores no deben esperar grandes aglomeraciones de público, aunque los aldeanos locales sí acuden con entusiasmo. Los niños, sobre todo, siguen la carrera y ofrecen su apoyo sincero a los atletas. El trazado de la carrera facilita que familiares y amigos se reúnan con los participantes en la línea de salida y en la meta y los animen.

La primera maratón, celebrada en 1999, iba a ser una experiencia única de un grupo de 300 corredores daneses, pero la recepción fue tan buena que los organizadores decidieron convertirla en un evento anual. La media maratón se sumó en 2001, y las distancias de 10 y 5

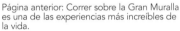

Página anterior: Correr sobre la Gran Muralla es una de las experiencias más increíbles de la vida.

Arriba: La anchura de la Gran Muralla permite, en algunos tramos, el paso de un ejército en formación, pero su superficie es irregular y sube y baja en todas direcciones, lo que añade dificultad a la carrera.

Derecha arriba: La Maratón de la Gran Muralla es tanto una prueba de resistencia en altura como una maratón, y no es para pusilánimes.

Derecha abajo: Los caminos de tierra cubren más de la mitad del recorrido de la maratón, y suelen estar flanqueados por personas dispuestas a animar a los participantes.

kilómetros, en 2004. Las cifras de participación no han dejado de aumentar, pasando de los menos de 100 corredores de 2000 a los más de 1.700 que se inscribieron diez años después. La logística en una zona tan remota, y la necesidad de limitar el número de personas que transitan la muralla hará, probablemente, que los organizadores fijen el aforo en 2.000. La temperatura suele oscilar entre los 20-25 °C, pero ha habido años en que ha alcanzado los 35 °C. En 2008 se registró una mínima de 16 °C. La lluvia no es habitual en la época de la carrera.

Los peldaños de la Gran Muralla suponen el mayor desafío, sobre todo por su envergadura, y porque son irregulares y de distinto tamaño entre sí. El resto del recorrido también es difícil, pues los caminos de grava y tierra pasan a través de un terreno ondulado de tierras de cultivo, y por aldeas. Esta maratón no se corre para conseguir buenas marcas, y a los participantes no debería interesarles pasar mucho rato consultando el cronómetro cuando hay tanto que ver y admirar a su alrededor.

Maratón Internacional de Siberia | Rusia

En esta región de Siberia occidental la carrera se aguarda con la misma impaciencia que si se tratara de una fiesta nacional. Hasta tal punto toca su maratón la fibra sensible del alma siberiana que, en el centro de la ciudad, se erigió una estatua al «maratoniano volador», como recordatorio para que nadie se pierda el evento. El día de la carrera, los nombres de los participantes adornan el lugar.

Tan pronto como la ciudad de Omsk abrió sus puertas a los visitantes, en 1990, se organizó una maratón internacional para conmemorar ese hecho histórico. Personas de más de 40 nacionalidades acuden, desde remotos puntos del planeta, para participar todos los años, y son recibidos con los brazos abiertos. Se trata de una jornada muy esperada por los lugareños, y durante el periodo de preparación abundan los anuncios con el logotipo de la maratón. Los medios de comunicación de la ciudad enloquecen y abordan sin parar los actos relacionados con la carrera. Todo ello crea un clima de entusiasmo y expectación. El día de la carrera, toda la sociedad de Omsk acude en masa —estudiantes, políticos, pensionistas…

Con uno de los climas más continentales del mundo —la ciudad está situada a varios miles de kilómetros del océano más cercano—, el frío es intensísimo en invierno, pero el día de la carrera está impregnado del sol radiante de principios de agosto. Durante los últimos 10 años, la temperatura ha oscilado entre los 22 °C y los 25 °C.

El inicio del evento viene precedido del repicar de las campanas de la catedral de la Asunción, del siglo XVII, frente a la que el recorrido empieza y acaba. La primera parte de la carrera discurre por el barrio del siglo XIX, construido en la época en que el imperio del zar todavía se dedicaba a consolidar su dominio en sus lejanas tierras asiáticas. Los corredores van y vuelven por los embarcaderos del ancho río Irtish, flanqueados de árboles. La segunda mitad de la carrera pasa por el sector industrial de la ciudad, que incluye la mayor refinería de petróleo de Rusia.

Los espectadores que no encuentren sitio en la salida y la meta dispondrán de muchos lugares donde ver a los corredores. La gente acude en masa a apoyar a los participantes, y lo hacen de todas las maneras imaginables: sólo en Omsk te ofrecerán agua de arándanos y tartas caseras mientras corres.

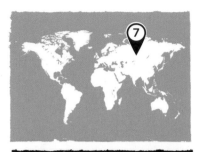

7

UNA VEZ ALLÍ

El centro de la ciudad, en torno a **Liubinsky Prospekt**, se recorre mejor a pie, y constituye el territorio de los paseos del gran gigante literario Dostoievsky. La parte histórica de la ciudad se concentra aquí, cerca de los **ríos Om** e **Irtysh**. Está flanqueada de edificios centenarios, de antiguos establecimientos comerciales, **residencias señoriales** e **iglesias**. Omsk fue un centro del ferrocarril Transiberiano, lo que le reportó grandes riquezas a principios del siglo XX.

Derecha: La Maratón Siberiana se celebra al inicio de una semana de festividades nacionales, y los habitantes de la ciudad la secundan masivamente.

La ceremonia de clausura merece un trato igual de serio que la de los Juegos Olímpicos. El periodista deportivo Boris Prokopiev, estableciendo una comparación directa, la describió como «brillante, colorista, magnífica; una actuación deportiva que dura horas y que incorpora efectos tales como cascadas de agua, globos y fuegos artificiales, mientras los atletas asisten, orgullosos, desde el escenario».

DATOS DE LA CARRERA

CUÁNDO: Agosto
INSCRIPCIÓN: Diciembre del año anterior
N° DE PARTICIPANTES: 1.300
NIVEL DE DIFICULTAD: 7/10
CONSIDERACIONES ESPECIALES: Las condiciones atmosféricas pueden llegar a ser extremas, y las temperaturas pueden alcanzar los 35 °C-40 °C. Carrera eminentemente plana, sobre asfalto.

CONTACTO:
Siberian International Marathon (SIM)
Pevtsova str. 1,
644099, Omsk, Rusia
☎ +7 495 646 8368
✉ info@russianmarathons.com
🖥 www.russianmarathons.com

Maratón de Bombay | India

UNA VEZ ALLÍ

Tal vez un solo día en la congestionada ciudad te baste para querer salir de allí en busca de aire puro. Toma un ferry cerca de la **Puerta de la India** y escápate a **Elephant Island** a admirar los antiguos templos excavados en cuevas.

Uno de los mejores regalos que puedes hacerte tras la maratón es tomar un té de media tarde en el **Leela Hotel** (www.theleela.com), uno de los hoteles lujosos más asequibles de India.

O, si dispones de algunos días más, toma el tren hasta la soleada **Goa**, y disfruta de sus numerosas playas.

Derecha: Los helicópteros se usan para grabar imágenes que se mostrarán al mundo entero.

Página siguiente: En esta maratón, las numerosas vistas mantienen entretenidos a los participantes.

La Maratón de Bombay nació a bombo y platillo en 2004, con todo el despliegue que cabría esperar de una película de Bollywood: Anunciada diariamente en los periódicos durante el mes anterior, publicitada en carteles callejeros y con un espectáculo de láser que proyectaba imágenes en un costado del edificio de Air India, situado en Marina Drive, y visible desde varios kilómetros a la redonda. ¿Sucumbiría aquel incipiente evento bajo el peso de sus propias expectativas, dado, sobre todo, que los participantes indios brillaban por su ausencia?

Pero la Maratón de Bombay es un festival y una celebración; tal vez su punta de lanza sean los corredores internacionales, pero todos desean estar ahí. Los organizadores se dieron cuenta de ello desde el principio, y decidieron que no había lugar para las medias tintas. Por eso libraron una batalla prolongada y larga contra unos funcionarios en ocasiones reacios para liberar espacio en las atestadas calles de la ciudad. Con la ayuda visionaria de personas que ocupaban altos cargos, el espectáculo cobró vida apenas un año después de iniciarse los preparativos.

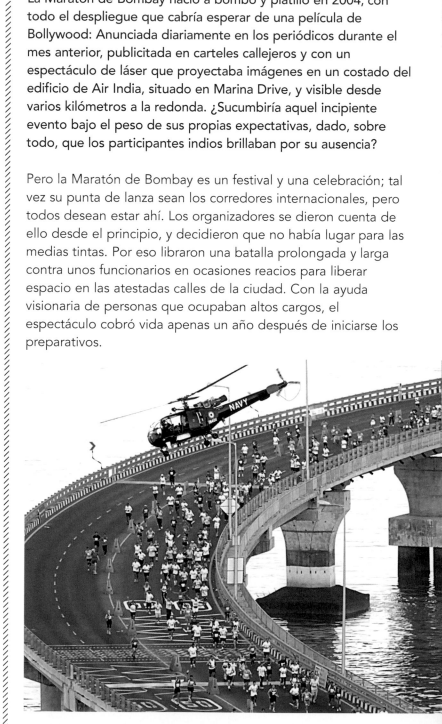

DATOS DE LA CARRERA

CUÁNDO: Enero
INSCRIPCIÓN: Julio y agosto del año anterior
Nº DE PARTICIPANTES: 38.400
NIVEL DE DIFICULTAD: 7/10
CONSIDERACIONES ESPECIALES: Se trata más de una maratón para corredores experimentados que para principiantes. Hay abundancia de estaciones para proveerse de agua. Humedad y temperaturas elevadas.

CONTACTO:
Procam International
14, St. James Court, Marine Drive,
Mumbai - 400020, India
☎ +91 22 4202 0200
✉ scmm@procam.in
🖥 www.procamrunning.in

Bombay hierve constantemente con enjambres de coches, camiones, taxis y bicicletas, y siempre hay alguna que otra vaca abriéndose paso entre el caos urbano. Y eso en una jornada tranquila. En los días de maratón, el ambiente es completamente distinto, pues las calles se cierran para dejar sitio a un espectáculo que une a toda la ciudad. Todo el mundo, desde estrellas de Bollywood hasta pesos pesados del mundo empresarial, pasando por vendedores de zumos y pilluelos callejeros, se convierten bien en espectadores, bien en participantes, en una muestra de solidaridad ante un evento deportivo que llega a todo el mundo.

Nunca fue eso tan evidente como el 18 de enero de 2009, cuando la carrera se celebró apenas siete semanas después de los ataques terroristas con los que se intentó mutilar la ciudad. El evento se convirtió en una declaración de la voluntad colectiva de sus ciudadanos, que expresaron de ese modo tanto su fortaleza de espíritu como su decisión.

Como corredor, cuando llegue el día de la maratón te sentirás arrastrado por la marea de una fiebre atlética. Más de 1.000 voluntarios, guardias de seguridad privados, y 800 policías velan por el desarrollo normal de la carrera, que realiza un recorrido de ida y vuelta hasta la zona de Bombay que recientemente se ha sumado al paisaje urbano ya existente —el Bandra-Worli Sealink, de 4 kilómetros de longitud que, aunque exento de espectadores, ofrece unas vistas impresionantes de la ciudad.

En gran medida gracias a la Maratón de Bombay, correr se ha convertido en una actividad de moda entre la gente de Bollywood, lo que ha tenido su reflejo en la composición de las decenas de miles de persona que se inscriben en la maratón (2.800), media maratón (11.000) y carrera de 6 kilómetros, bautizada como la «Dream Run» (22.500). Y todo ello a pesar del clima, que no contribuye a la velocidad, aunque el calor se vea en parte contrarrestado por la temprana hora de inicio de la carrera, que es a las 5.15 de la madrugada.

Algunos corredores de élite invitados han conseguido marcas asombrosamente rápidas —por debajo de las 2.10 horas en el caso de los hombres, y de las 2.26 en el caso de las mujeres. Los atletas indios suelen conseguir sus mejores marcas en esta carrera, espoleados por la ocasión y el prestigio de la competición.

Izquierda: Los corredores de élite, en cualquier maratón, son una visión digna de admirarse.

DATOS DE LA CARRERA

CUÁNDO: Febrero
INSCRIPCIÓN: Junio del año anterior
Nº DE PARTICIPANTES: 5.000
NIVEL DE DIFICULTAD: 8/10
CONSIDERACIONES ESPECIALES: Hay largos tramos en subida. Puede hacer calor, y la humedad y el polvo están presentes. A menudo se superan los 30 ℃, pero hay abundante sombra, y muchas estaciones de suministro de agua.

CONTACTO:
Wild Frontiers (Pty) Ltd
PO Box 844
Halfway House 1685
Sudáfrica
☎ +27 011 702 2035
✉ reservations@wildfrontiers.com
🖥 www.kilimanjaromarathon.com

Maratón del Kilimanjaro | Tanzania

Subir al Kilimanjaro figura en la lista de deseos que hacer realidad antes de morir de bastantes personas. Correr la Maratón del Kilimanjaro ofrece un anticipo de esa aventura, pues lleva al participante hasta las laderas bajas de la montaña exenta más alta del mundo.

El monte Kilimanjaro, de algo menos de 6.000 metros, es la cima de África. Cuenta con glaciares que descienden desde ella y la imponente presencia de esta inmensa montaña domina la parte norte de Tanzania desde muchos kilómetros a la redonda. Icono del continente, el «Kili», como se le llama afectuosamente, es una de las visiones que todo el mundo debería contemplar de cerca al menos una vez en su vida.

UNA VEZ ALLÍ

Si dispones de tiempo, combina algunos de los puntos destacados de África con una excursión al Kilimanjaro. Visita el **cráter de Ngorongoro**, declarado Patrimonio de la Humanidad por la Unesco, y único lugar del mundo en el que, además de proteger el paisaje y su vida salvaje, se permite que los residentes habiten las tierras. Igualmente gratificante y más cercano es el **Parque Nacional del Serengeti**. Otros preferirán relajarse en las **playas de Zanzíbar**. A apenas 25 millas de la costa tanzana, esta hermosa isla cuenta con deslumbrantes playas y arrecifes de coral.

La ruta, que aguarda tanto a los corredores más sociales como a los atletas serios, supone todo un desafío. La maratón sale del Moshi Stadium y enfila la carretera de Dar-es-Salaam durante 8-9 kilómetros, en un trazado apaciblemente plano. Los corredores dan media vuelta y se dirigen al punto de inicio antes de iniciar un giro que les acerca a la montaña. El ascenso constante hacia el pueblo Mweka se inicia ahí. Se trata de una pendiente continua, pero gradual, y con la visión imponente del Kilimanjaro y con los lugareños que llegan a animar, la moral se mantiene alta. El punto de retorno se alcanza en el kilómetro 32, y el último tramo, en bajada, se cubre deprisa hasta el estadio desde el que se ha partido. A lo largo de todo el trazado hay mesas con agua y alguna que otra ducha para mantener a los corredores hidratados y frescos.

Página anterior: El inicio de la carrera se vive en un ambiente festivo, mientras los atletas se preparan para el recorrido que les espera.

Arriba: Como atestigua su creciente popularidad, correr una maratón bajo la atenta mirada del Monte Kilimanjaro es una experiencia que todo corredor conservará en la memoria.

Derecha: La pista por la que discurre la maratón es relativamente pequeña, pero está bien atendida.

El paisaje concentra elementos tradicionales de África, y de su vida local. El recorrido discurre por numerosas granjas de pequeños propietarios, por aldeas y por plantaciones de plátanos y café, así como por entre agrupaciones de árboles. Al correr junto a los mercados, tiendas y pequeños bares de Moshi se capta el verdadero sabor de África. Los niños de la zona acompañan muchas veces, también corriendo, a los atletas, y les agarran de la mano para darles ánimos.

La Maratón del Kilimanjaro se celebró por primera vez con una cifra modesta de participación (500 personas), y no ha dejado de crecer hasta alcanzar los 5.000 inscritos, que se reparten entre la maratón, la media maratón y la carrera lúdica.

Maratón Safaricom | Kenia

Trasplantar una maratón a un parque de safaris es indudablemente una idea occidental, aunque aun así interesante. Empezó a correrse en el año 2000, cuando no existía nada parecido en todo el continente. Safaricom, el proveedor de telecomunicaciones de la región, ayudó a atraer el interés extranjero por correr en África, y ha usado la carrera para despertar la conciencia sobre las condiciones de vida de los habitantes de la zona. Desde que se celebró la competición inaugural se han destinado más de 3 millones de dólares a la preservación de la vida salvaje, al desarrollo social y a proyectos sanitarios y educativos en toda Kenia.

El evento tiene lugar en medio de un paisaje espectacular: el Monte Kenia se encuentra al sur del Lewa Wildlife Conservacy, escenario de la carrera, y hay vistas sobrecogedoras en dirección norte, hacia la Reserva Nacional de Samburu y hacia el Monte Ololokwe. La carrera no es fácil pues, entre otras cosas, el asfalto brilla por su ausencia. Todo son caminos de tierra, que conforman un recorrido de 21 kilómetros por el que después se regresa, y en el que se corre a través de la sabana, por los márgenes de un río y bajo las acacias, antes de terminar cerca del edificio central del Parque Lewa. Quienes participan en la media maratón recorren sólo un trayecto, y los que se inscriben en la maratón completa, realizan dos.

Las 26.000 hectáreas, altamente protegidas, de este santuario de vida salvaje albergan más de 100 rinocerontes, manadas de elefantes, y una gran variedad de animales propios de las llanuras, entre ellos cebras, jirafas y búfalos, por lo que el corredor nunca se encuentra demasiado alejado de la vida salvaje. La emoción de participar en esta carrera es que uno se encuentra en territorio animal. Un numeroso y experimentado equipo de guardas armados vigila la ruta y dos helicópteros y una avioneta de reconocimiento la sobrevuelan en todo momento. Hay estaciones de suministro de agua y puntos de primeros auxilios cada 2,5 kilómetros. La African Medical Research Foundation (AMREF) proporciona asistencia médica, a través de su servicio de Médicos Voladores, así como la Cruz Roja de Kenia y hospitales locales.

Los espectadores acceden a la ruta sólo en determinados puntos, y esas restricciones, comprensibles, hacen que el apoyo que se recibe

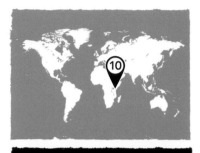

UNA VEZ ALLÍ

Igual que la maratón, la abundancia de actividades que ofrecen los alrededores de Lewa se centran en la vida salvaje. El **Lewa Wildlife Conservancy** ofrece excursiones en las que los visitantes pueden disfrutar de una naturaleza generosa. Existen variedad de **safaris**, que te acercarán a leopardos, guepardos, leones, rinocerontes y elefantes. También puedes participar en una caminata por **el paisaje de matorral** que te permitirá admirar su flora y su fauna.

Arriba a la derecha: No es raro encontrar vida salvaje a poca distancia en esta maratón.

Derecha: La maratón pasa directamente por el hábitat de cebras, elefantes y jirafas, por lo que es imprescindible tomar nuevas precauciones.

de ellos resulte más apreciado por los corredores, y sea más efectivo. Exceptuando esos pocos lugares, los corredores saborean el paisaje de lo que parece ser un vasto espacio natural alejado de la civilización. La mayor parte de ellos pasan las noches anterior y posterior en Lewa, en unos campamentos especialmente montados en el recinto de la zona protegida. Ello ofrece a los participantes la posibilidad de acampar en el bosque bajo africano, y de pasar todo el fin de semana en contacto con la naturaleza salvaje.

El clima, a finales de junio, que es cuando se programa la carrera, es cálido, con temperaturas a mediodía que alcanzan los 30 °C. Las mañanas y las noches son frescas, y sopla una brisa intensa que proviene de la montaña. Además, la maratón se corre a 1.700 metros de altitud, lo que sin duda incide en el ritmo de la carrera.

DATOS DE LA CARRERA

CUÁNDO: Junio
INSCRIPCIÓN: Al menos con un año de antelación
N° DE PARTICIPANTES: 1.000
NIVEL DE DIFICULTAD: 8/10
CONSIDERACIONES ESPECIALES:
Considerables elevaciones, montañosa, soleada y calurosa: no es carrera para principiantes. La vida salvaje bulle en las inmediaciones, pero hay guardas atentos a cualquier situación de riesgo.

CONTACTO:
Safaricom Marathon
c/o Kisima Ltd, Unit Kilo
Wilson Business Park
Wilson Airport
Nairobi, Kenia
☎
✉ marathon@lewa.org
🖥 www.safaricom.co.ke

DATOS DE LA CARRERA

CUÁNDO: Enero
INSCRIPCIÓN: Junio del año anterior
N° DE PARTICIPANTES: 1.500
NIVEL DE DIFICULTAD: 7/10
CONSIDERACIONES ESPECIALES: La carrera puede ser muy concurrida, y verse invadida por niños que piden dinero.

CONTACTO: Event Sports
1/4 Anwar El-Mofty St. (Area No.1)
Nasr City,
El Cairo, Egipto
☎ +202 2260 69 30
✉ info@egyptianmarathon.net
🖥 www.egyptianmarathon.com

Maratón Egipcia | Luxor

Correr en Egipto es una actividad tan vieja como las pirámides: el rey Tarhaka, que gobernó entre el 690 y el 665 a.C., instauró una carrera de 100 kilómetros para los miembros de su ejército. La Batalla de Maratón, del 490 a.C., se asocia con la leyenda del soldado griego que fue enviado como mensajero de Maratón a Atenas, distancia de cerca de 45 kilómetros. Todavía existe una Carrera Faraónica de 100 kilómetros, así como la Maratón Egipcia propiamente dicha, que en la actualidad se ajusta a la distancia tipificada para esta competición, de 42,2 kilómetros.

Luxor, la ciudad anfitriona, ofrece unas condiciones de temperatura entre moderadas y cálidas a finales de enero, que es cuando tiene lugar la carrera y cuando, en la mayor parte del hemisferio norte, se viven los máximos rigores del invierno. El primer evento del itinerario es una «carrera-aperitivo» de calentamiento, de 3,4 kilómetros, que se inicia en el templo de Luxor y que concluye en el de Karnak, impresionante complejo arquitectónico que fue el centro de la civilización tebana y que no dejó de evolucionar a lo largo de 2.000 años. Los participantes mantienen vivo el espíritu del pasado, y no es raro verlos correr ataviados con ropas de estilo faraónico o modelitos de la época de Cleopatra.

La carrera más seria empieza al día siguiente en la orilla izquierda del Nilo, a las 7.30 de la mañana, y con suerte una brisa fresca llegará hasta allí desde el desierto. La maratón, en su salida y su meta, tiene como telón de fondo la espectacular tumba de la reina Hatshepsut que, merecidamente, se conoce también como Esplendor de Esplendores.

El recorrido, de cuatro vueltas, lleva a la entrada del mundialmente famoso Valle de los Reyes, que cuenta con la tumba de Tutankamón, entre muchas otras de faraones también enterrados en el recinto. Si las condiciones son buenas, pues las sombras brillan por su ausencia, las primeras dos vueltas, sobre las carreteras anchas y bien asfaltadas, pueden considerarse una visita por un extraordinario museo al aire libre. El trazado pasa junto al templo de Ramsés III, después se acerca a los colosos de Memnón. Más allá se extiende el atemporal paisaje egipcio, con sus plantaciones de caña de azúcar, alfalfa y palmeras datileras, que crean escenas que parecen extraídas de antiguos papiros, en que los corredores son el centro de la composición.

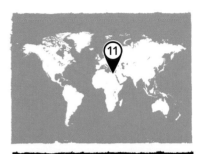

Izquierda: Correr la Maratón Egipcia es hacerlo a través de la historia: continuamente salen al paso monumentos antiguos.

Maratón de las «Noches Blancas» | Rusia

El nombre de esta carrera está tomado de las «noches blancas» que esta región del norte de Rusia conoce a principios de verano. Las casi 24 horas de sol confieren una mágica luz crepuscular a la que mucha gente considera la ciudad más hermosa del país, San Petersburgo (o, simplemente, Petersburg, como suelen llamarla sus habitantes). Correr por sus calles constituye una experiencia única.

Sin embargo, parte del reto está en encontrar la información esencial necesaria para ponerse en marcha. La carrera no está tan bien establecida como otros eventos organizados en grandes ciudades, y no proporciona las facilidades equivalentes en ellas que los corredores de otros países pudieran esperar. Hasta el momento no existen touroperadores oficiales que la ofrezcan, y ni siquiera existe la posibilidad de inscribirse online. Para muchas de las personas que participan en la maratón, esa falta de una organización impecable forma parte de su encanto, y le da esa especie de espíritu rudo que tenían las maratones antiguas… pero en una gran urbe.

Abajo: La Maratón de las Noches Blancas se organizó como parte de las celebraciones del tricentenario de San Petersburgo, que acogieron también otras carreras más lúdicas.

DATOS DE LA CARRERA

CUÁNDO: Finales de junio
INSCRIPCIÓN: Hasta enero del mismo año
N° DE PARTICIPANTES: 1.100
NIVEL DE DIFICULTAD: 5/10
CONSIDERACIONES ESPECIALES: La organización y el montaje son menos ágiles que en otras maratones internacionales. La ayuda y los consejos no abundan in situ. Es aconsejable prepararla con bastante antelación.

CONTACTO:
White Nights Marathon
Office 11/2, Nevsky pr.32
San Petersburgo
Rusia
☎ +812 312 90 15
✉ info@wnmarathon.ru
🖥 www.wnmarathon.ru

Los que se desplacen hasta allí descubrirán que les aguarda, en todo su esplendor, la ciudad rusa de mayor grandeza. La maratón sigue en parte el curso del río, y pasa junto a monumentos históricos, como el celebérrimo museo del Hermitage, y permite disfrutar de obras arquitectónicas fabulosas, espacios verdes e incluso la principal zona de compras. El inicio y la meta de la carrera se encuentran en la Plaza del Palacio.

San Petersburgo es una ciudad joven para la media europea, pues fue fundada hace sólo trescientos años por el zar Pedro el Grande. Se convirtió en la capital de Rusia en 1712. El sitio de 300 días que sufrió la ciudad de Leningrado (como se la conoció entre 1924 y 1991) se produjo durante la Segunda Guerra Mundial, al negarse casi tres millones de civiles a rendirse a su enemigo, a pesar del hambre y el intenso frío.

A lo largo del recorrido los organizadores proporcionan pan de centeno, plátanos y agua embotellada. Si prefieres bebidas de última generación y geles, lo mejor es que vengas provisto de casa. En lugar de relojes, descubrirás que hay encargados estratégicamente situados que te gritan tu tiempo.

Maratón de Estambul | Turquía

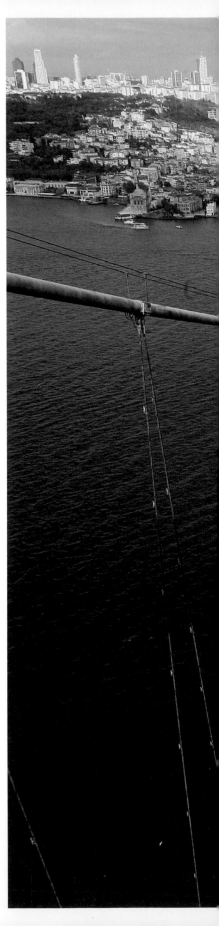

Estambul es el punto en que Asia se encuentra con Europa. Esa posición exclusiva permite a la ciudad vender un atractivo imbatible: se trata de la única carrera del mundo en la que sus participantes pasan de un continente a otro.

El incentivo para celebrar una maratón en la ciudad surgió originalmente de un grupo considerable de corredores alemanes que, tras inscribirse en una maratón por el Nilo, buscaban oportunidades similares en otros escenarios. Ellos fueron 34 del total de atletas en aquella primera edición de 1979. No muchas carreras se organizan para satisfacer a tan pocos corredores extranjeros interesados, pero la posición de Estambul como cruce entre continentes implicaba que la ciudad podía capitalizar el interés que los maratonianos extranjeros siguen demostrando por correr en localizaciones simbólicas.

Éstos recorren sólo unos pocos centenares de metros en Asia, pues el recorrido parte hacia Europa desde el peaje de lado asiático del puente del Bósforo. Tras ascender la pendiente, ese puente, ya del lado europeo, desciende bruscamente 90 metros antes de llegar al Bósforo tras 5 kilómetros. A partir de ahí, el trazado es prácticamente plano hasta los últimos mil metros.

La maratón ofrece una combinación de elementos históricos y paisajísticos entre los dos continentes, y a lo largo de las tres vías de agua estratégicas e históricas que son el Bósforo, el Cuerno de Oro y el mar de Mármara. Simultáneamente, la carrera realiza un recorrido entre los monumentos que, a lo largo de más de 3.000 años, marcaron el esplendor y la caída de tres imperios.

En el Bósforo, inmensos barcos rusos se deslizan silenciosos, muy cerca de la orilla, camino de Mediterráneo desde el mar Negro. Ya en tierra, la carrera combina lo antiguo y lo nuevo —desde la fortaleza Rumelihisari del siglo XV hasta el moderno estadio de fútbol del Galatasaray. Tras 10 kilómetros, se llega bajo la alta torre medieval del Gálata, reliquia cristiana de la era preotomana, antes de cruzar el puente del mismo nombre que da acceso al Cuerno de Oro. A partir de ahí, la maratón recorre 7 kilómetros por la orilla occidental del histórico curso de agua antes de cruzar

Derecha: El puente del Bósforo es el paso entre Asia y Europa.

DATOS DE LA CARRERA

CUÁNDO: Noviembre
INSCRIPCIÓN: Febrero
N° DE PARTICIPANTES: 4.500
NIVEL DE DIFICULTAD: 5/10
CONSIDERACIONES ESPECIALES:
Planificar bien el desplazamiento hasta el
punto de salida. Escaso apoyo de público
y pocos lavabos. Tanto puede llover como
hacer sol y calor.

CONTACTO:
Istanbul Marathon
Spor A.S, Genel Mudur/ugu
Karagumruk Mah, Kaleboyu Cad
No: 111 Fatih, Estambul, Turquía
☎ +212 453 30 00
✉ info@istanbulmarathon.org
🖥 www.istanbulmarathon.org

13

UNA VEZ ALLÍ

Esta ciudad de carácter invadirá siempre tus sentidos. Cuando vayas de visita turística, comprueba los horarios de apertura y cierre, que son algo aleatorios. Es recomendable visitar el **Palacio de Topkapi**, en **Sultanahmed**, a primera hora de la mañana, para evitar aglomeraciones. No te pierdas el cuarto patio ni el harén (ya en desuso), que mucha gente pasa por alto. La **Mezquita Azul** merece una visita nocturna para admirar el espectáculo de luz y sonido. También de noche, las calles que rodean **Istiklal Cadesi** rebosan de vida: cafés elegantes, discotecas y bares musicales, como el Club 360. Ver www.gototurkey.com

por el único sector de tierra firme de la ciudad para, desde allí, alcanzar el mar de Mármara. Entre los kilómetros 20 y 40 los corredores avanzan hacia el oeste, y bordean por su lado de mar el palacio de Topkapi, del siglo XV, residencia de los sultanes otomanos, a medida que la línea de la costa se curva hacia el norte y se interna en el Bósforo. Durante el último kilómetro en pendiente, los participantes giran a la izquierda y se adentran en la ciudad, ascendiendo por los Jardines del Palacio y pasando bajo la sombra de Santa Sofía, la catedral bizantina, para terminar junto a la Mezquita Azul, construida hace trescientos años, y que recibe ese nombre a causa de los 20.000 azulejos de ese color que recubren su superficie.

La carrera se celebra a mediados de noviembre, y dado que el inicio es a las 9 de la mañana las condiciones de temperatura suelen ser agradables. El ritmo es rápido, salvo en el último kilómetro, como indican los récords de 2.10 y 2.27. De hecho, se alcanzaron recientemente: la mejor marca de la carrera, establecida en 1985 por el turco Mehmet Terzi, tardó más de veinte años en superarse. Finalmente, en 2006, fue mejorada en un solo segundo.

Estambul poseía un estatus elevado durante el Imperio Bizantino, y mereció títulos tan sonoros como «la Gran Ciudad», «Ciudad de Emperadores» y, tras participar en una carrera tan prestigiosa, los corredores se sentirán igualmente importantes. Los que han participado en ella aseguran que no superan sólo un desafío físico, sino que se sienten inmersos en el ambiente de una de las ciudades más imponentes del mundo.

Arriba: El puente del Bósforo tiene una longitud de 1 km. La cruzan los miles de atletas que participan en la maratón.

Maratón de Tallin | Estonia

El ascenso de Estonia a la escena de las maratones internacionales se inició en 1989, justo dos años antes de que el país se declarara independiente de Rusia. Tras muchos años luchando para conseguir participantes y el favor de las autoridades municipales, la maratón volvió a organizarse recientemente, tras ser cancelada con poca antelación en 2007. La nueva maratón ha tenido un impacto inmediato, y la media maratón y la carrera de los 10 kilómetros se celebran ahora simultáneamente.

En Berlín, Londres y Nueva York, uno sabe qué hitos salpican el muy conocido trazado. Pero si uno se traslada a Tallin, capital de Estonia, la sorpresa es continua ante las joyas que durante los años de la Guerra Fría quedaron ocultas. Tallin proporciona a los atletas una gran abundancia de historia y cultura. Sus habitantes están orgullosos de que la ciudad sea patrimonio de la humanidad por la Unesco, así como de que en 2011 fuera escogida como Capital Cultural Europea, algo que ha inyectado un espíritu de optimismo hacia el futuro del Báltico. En la ciudad y en la carrera se dan la mano la cultura popular y la tecnología punta. La línea de salida se encuentra en el nuevo distrito financiero, y desde allí se parte en dirección a los barrios antiguos de Tallin, pasando por parques, recorriendo tramos de las antiguas murallas de la ciudad y de sus calles más antiguas, consideradas auténticas perlas. Y es muy relajante recorrer senderos de costa, y algunas playas, en dirección al este de la ciudad, hacia el puerto deportivo y más allá.

En septiembre, las temperaturas suelen ser favorables a la carrera, pues son frescas y oscilan entre los 8 °C y los 15 °C, lo que ha hecho que la de Tallin se haya convertido en la mayor de las maratones del Báltico. Si se le suman la media maratón, la carrera de 10 kilómetros y la carrera lúdica, el número de participantes se eleva en la actualidad a 17.500. De entre ellos, sólo 1.000 corren la maratón.

Según la estadística más reciente se inscribieron personas de 40 nacionalidades distintas, lo que, dado el escaso conocimiento previo que tenía la gente del país, puede ser visto como un éxito instantáneo. Los visitantes llegan sobre todo de Alemania, Finlandia, Gran Bretaña y Rusia, pero cada

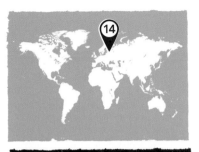

UNA VEZ ALLÍ

El corazón medieval de Tallin se llama **Toompea**, y merece una exploración detallada. Lo que la mayoría de gente no sabe es que Estonia cuenta con una extraordinaria costa, con playas que se encuentran a apenas 20 minutos del centro de la ciudad. Conocido como Barrio de Pirita, parece otro mundo completamente distinto. La **playa de Pirita** cuenta con 3 kilómetros de arena blanca bordeada de árboles, y en los días calurosos de verano es muy frecuentada por los estonios. Ver: www.tourism.tallinn.ee

vez más lo hacen desde países con gran tradición de maratones, algunos tan lejanos como Estados Unidos. Estonia ha convertido en política de estado la exploración de las ventajas de las comunicaciones sin cable, y los organizadores «verdes y ecológicos» de la maratón envían mensajes de texto a los móviles de los inscritos para informarles de los desplazamientos gratuitos en tren al lugar de la carrera.

Correr aquí te abre los ojos a una comunidad pujante que aprovecha su nueva oportunidad para mostrarse al mundo. Una vez que te quites la ropa deportiva, un fin de semana en la ciudad te permitirá asistir a espectáculos musicales y presenciar encantadoras tradiciones populares.

Izquierda: Vista aérea del arranque de la maratón.

Arriba: más de 10.000 corredores inundan las calles el día de la maratón, entre ellos los niños, que cuentan con su propia carrera.

Arriba: La Maratón de Tallin presume de ofrecer algunas de las mejores tarifas de inscripción de Europa.

Derecha: Correr la Maratón de Tallin es una de las mejores maneras de ver esta ciudad poco conocida desde una nueva perspectiva.

DATOS DE LA CARRERA

CUÁNDO: Septiembre
INSCRIPCIÓN: Hacia abril del mismo año
Nº DE PARTICIPANTES: 12.500
NIVEL DE DIFICULTAD: 5/10
CONSIDERACIONES ESPECIALES:
A medida que uno se acerca a las afueras
de la ciudad, el apoyo popular puede ser
escaso. También hay que tener en cuenta
que el trazado incluye varias calles
adoquinadas, algo más desgastantes para
tobillos y rodillas.

CONTACTO:
Tallinn Marathon
MTÜ Spordiürituste Korraldamise Klubi
Sport Event Team
Pärnu mnt 142a
11317 Tallin
Estonia
☎ 372 654 8462
✉ info@tallinnmarathon.ee
🖥 www.tallinnmarathon.ee

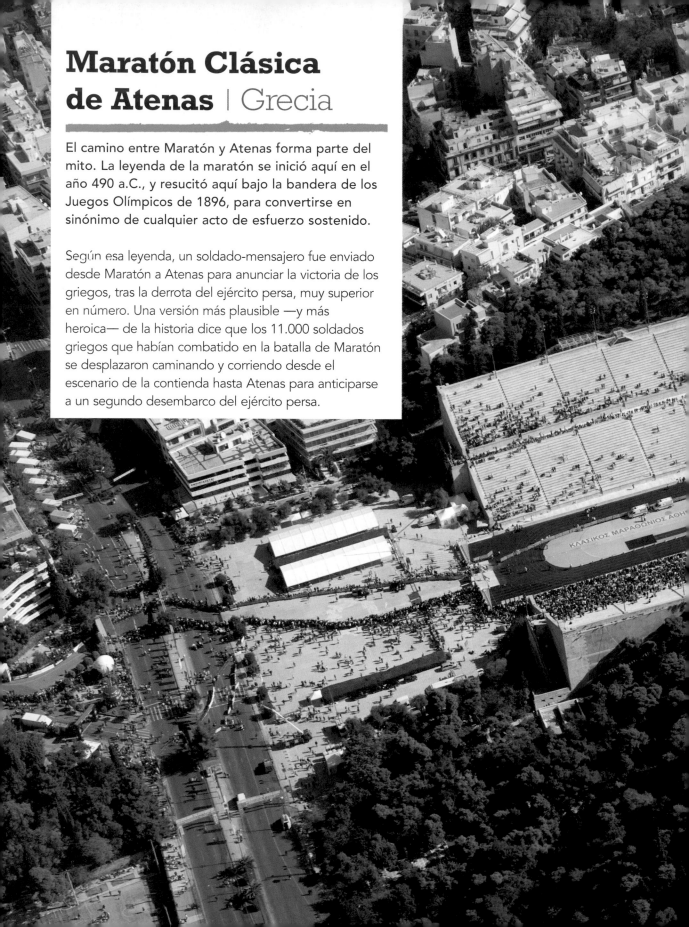

Maratón Clásica de Atenas | Grecia

El camino entre Maratón y Atenas forma parte del mito. La leyenda de la maratón se inició aquí en el año 490 a.C., y resucitó aquí bajo la bandera de los Juegos Olímpicos de 1896, para convertirse en sinónimo de cualquier acto de esfuerzo sostenido.

Según esa leyenda, un soldado-mensajero fue enviado desde Maratón a Atenas para anunciar la victoria de los griegos, tras la derrota del ejército persa, muy superior en número. Una versión más plausible —y más heroica— de la historia dice que los 11.000 soldados griegos que habían combatido en la batalla de Maratón se desplazaron caminando y corriendo desde el escenario de la contienda hasta Atenas para anticiparse a un segundo desembarco del ejército persa.

DATOS DE LA CARRERA

CUÁNDO: Noviembre
INSCRIPCIÓN: Enero del mismo año
N° DE PARTICIPANTES: 12.000
NIVEL DE DIFICULTAD: 8/10
CONSIDERACIONES ESPECIALES:
Considerada una de las maratones más
duras del mundo, en gran medida a causa
de las colinas que salpican largos tramos
del recorrido. Las temperaturas pueden
pasar en poco tiempo de calurosas a frías,
lo que dificulta la aclimatación.

CONTACTO:
Hellenic Athletics Federation (Segas)
137 Syngrou Avenue
171 21 Nea Smirini
Atenas, Grecia
☎ +30 210 933 1113/210 931 5886
✉ registrations@athensclassicmarathon.gr
🖥 www.athensclassicmarathon.gr

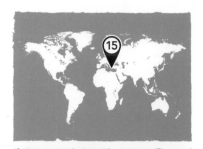

UNA VEZ ALLÍ

La capital griega puede resultar contaminada y claustrofóbica, pero sus monumentos, como el **Partenón,** no pueden dejar de verse. No dejes de escaparte a la costa. Puedes, por ejemplo, tomar un ferry nocturno a Creta y visitar la ciudad de **Plakias,** que tiene playas muy cercanas. También puedes optar por quedarte en el continente y explorar la península ática. Empieza en Glifada o Vouliagmeni, y sigue la carretera de la costa hasta Súnion, el **templo de Poseidón** y el **Santuario de Atenea.**

Es posible que la distancia que recorrieran aquellos soldados fuera de 45 kilómetros, aunque del lugar de la batalla al centro de Atenas hay unos 40, y esta fue la que se estableció al principio para inaugurar los primeros Juegos Olímpicos de la era moderna, celebrados en Atenas en 1896.

Tras los Juegos de Londres de 1908, la distancia de la maratón quedó fijada en los 42,2 kilómetros, y a la Maratón Clásica de Atenas se le han añadido 2.195 metros, lo que permite pasar, a modo de tributo, frente al montículo conmemorativo a los soldados griegos caídos. El recorrido original se realizó, probablemente, sobre terreno empinado, y habría sido algo más

Páginas anteriores: La llegada de la maratón tiene lugar en el espectacular estadio de mármol blanco, reconstruido a partir de ruinas antiguas con motivo de los Juegos Olímpicos de 1896.

Arriba: Los últimos 150 metros se corren en el interior del Estadio Panathinaikos, construido en mármol y que fue la pieza central de los primeros Juegos Olímpicos modernos. Todos y cada uno de los pasos que dan los atletas están impregnados de la emoción que corresponde a tan histórico escenario.

parecido al campo a través que a la carretera. Hoy, todo el trazado lo cubre una autopista moderna desde el punto de salida hasta la entrada del estadio construido con motivo de los Juegos Olímpicos de 1896. El asfalto es liso, sí, pero el camino es en pendiente desde el kilómetro 11 hasta lo alto de las colinas que se encuentran en el kilómetro 31, punto a partir del cual se inicia un descenso suave hacia el centro de Atenas. Para añadir más dramatismo al cierre de esta histórica carrera, a los participantes los observa el Partenón, que resplandece en su blancura desde lo alto de la Acrópolis.

Es probable que te encuentres a muchos corredores vestidos al estilo de los antiguos militares griegos, con cascos y uniformes, pero nada superará en dureza a recorrer la distancia portando las espadas auténticas y las armaduras que, probablemente, llevaban los pioneros de la maratón. En 2010, la carrera conmemoró los 2.500 años de la Batalla de Maratón, y el interés internacional fue de tal magnitud que en cuestión de tres semanas se agotaron las 12.000 plazas disponibles.

La carrera de punta a punta, desde el lugar de la batalla original, en Maratón, hasta el estadio reconstruido de Atenas, implica que a los participantes los llevan en autocares hasta la línea de salida, lo que les permite visualizar la ruta poco antes del inicio. Dada la carga histórica del evento, se ha intentado mantener el trazado lo más parecido posible al de 1896, pero el tiempo lo ha hecho más agradable al atleta moderno, con sus superficies asfaltadas, su público amable y las ventajas de unas zapatillas deportivas cómodas.

A medida que uno se acerca a Atenas se produce un cambio brusco en el nivel de ruido, y se pasa de la relativa calma del campo a los bocinazos de los coches y al bullicio de los espectadores que animan y vitorean. Al acercarse a la línea de meta, aparecen unos niños armados con coronas hechas de ramas de olivo, que impondrán en las cabezas de los héroes inminentes. Cuando los corredores hacen su entrada en el estadio de mármol blanco para recorrer los últimos cien metros (reconstruido sobre las ruinas del antiguo estadio griego), pueden recrear mentalmente sus propias imágenes de pasadas glorias. Lo viven como un privilegio, pero cuentan, con humildad, que su gesta les resulta poca cosa comparada con la de los soldados que participaron por vez primera en ese viaje, a través de espesos matorrales, soportando el dolor de las heridas sufridas en la batalla. Aquí, los participantes muestran sus respetos a aquellas legendarias figuras de la carrera.

Maratón del Sol de Medianoche | Noruega

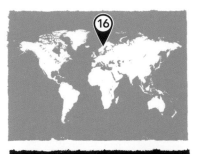

Existen pocos lugares en los que correr de noche puede resultar tan emocionante como en la latitud 70° Norte. La Maratón del Sol de Medianoche es una aventura ártica para corredores selectos en la que el sol brilla durante las 24 horas, lo que proporciona una experiencia casi sobrenatural.

El viaje se inicia en Tromsø, a 2.000 kilómetros del Polo Norte. Aunque todavía queda nieve en las cumbres que rodean la ciudad, el lugar es cálido y agradable. Se trata de una población de unos 50.000 habitantes, capital oficiosa del norte de Noruega, rebosante de cultura, situada en una tierra definida por la majestuosidad natural de las luces del norte, las noches polares y el sol de medianoche.

En verano, el sol no llega a ponerse nunca durante dos meses. El ambiente peculiar que crea este fenómeno por las noches proporciona el animado telón de fondo de la maratón continental más septentrional del mundo. El clima es lo bastante moderado, y ofrece unas condiciones suaves el día de la carrera —las temperaturas estivales fluctúan entre los 5 °C y los 28 °C. Participan corredores de más de 60 naciones, que llegan desde Gran Bretaña, Estados Unidos, Alemania, Suecia, Italia, Brasil y Australia. Además de la maratón, simultáneamente, se corre una media maratón, una carrera de 10 kilómetros y una minimaratón, así como una carrera infantil.

La carrera empieza dando una vuelta por el centro de la ciudad, antes de dirigirse a la Plaza de Fridtjof Nansen —llamada así en honor al pionero de las exploraciones polares y cruzar el Puente de Tromsø, de 1.026 metros, que se eleva 44 sobre el nivel del mar. Al llegar a tierra firme, los participantes pasan junto a la Catedral Ártica y se dirigen a la carretera costera, hasta el punto de retorno, situado a unos 10 kilómetros. Una vez cruzado de nuevo el puente, los que optan por la media maratón se acercan a la meta, pero los maratonianos siguen por el centro de la ciudad y rodean la zona sur de la isla antes de dirigirse al norte, ya durante el sol de medianoche. Tras otro giro, la carrera regresa al centro para terminar, y allí la ciudad entera se desborda en las calles para dar la bienvenida a los atletas con entusiasmo y fervor.

UNA VEZ ALLÍ

Los residentes celebran con ahínco el final de la maratón. Pero asegúrate de reservar algo de energía para realizar alguna excursión diurna, pues la región posee algunos de los lugares más majestuosos y bellos del mundo, que se manifiestan en las **islas del ártico**, modeladas por la dureza del clima, así como en los **fiordos azules**, los **glaciares** y las altas cumbres, de 1.800 metros, de los **Alpes Lyngen**. Las aguas tibias de la Corriente del Golfo aseguran un clima temperado a altitudes tan elevadas, y ofrecen grandes probabilidades de presenciar **auroras boreales**, además de la tibieza del sol de medianoche. Ver: www.visitnorway.com

Los habitantes de Tromsø ven la Maratón del Sol de Medianoche como uno de los grandes espectáculos que trae el mundo a su puerta. Otras atracciones populares de la ciudad son la Catedral Ártica, el Museo de Tromsø, el Museo Polar, y un tranvía que llega casi hasta la cima de un monte cercano. La localidad tiene el ambiente cosmopolita de una ciudad de mayor tamaño, con habitantes de 130 países, una vida nocturna muy animada y cafeterías, bares y restaurantes encantadores. A poca distancia de la ciudad se extiende una de las regiones más fotogénicas de Noruega, con muchísimos fiordos y montañas coronadas por nieve incluso en verano.

Abajo: La Maratón del Sol de Medianoche empieza a las 8.30 de la noche, y cuenta con un público entusiasta.

DATOS DE LA CARRERA

CUÁNDO: Junio
INSCRIPCIÓN: Diciembre del año anterior
N° DE PARTICIPANTES: 1.000
NIVEL DE DIFICULTAD: 7/10
CONSIDERACIONES ESPECIALES: La proximidad a la naturaleza es máxima. No es excepcional ver animales salvajes, como osos, durante el recorrido. Los vuelos y el alojamiento se reservan con bastante antelación, por lo que conviene organizar los detalles lo antes posible.

CONTACTO:
Midnight Sun Marathon
PB821, N-9258 Tromsø
Noruega
☎ +47 77 67 33 63
✉ post@msm.no
🖥 www.msm.no

DATOS DE LA CARRERA

CUÁNDO: Octubre
INSCRIPCIÓN: Entre abril y agosto
Nº DE PARTICIPANTES: 4.000
NIVEL DE DIFICULTAD: 5/10
CONSIDERACIONES ESPECIALES: La
carrera sigue largos tramos del Danubio, lo
que puede hacerla monótona, y las
muestras de apoyo pueden ser escasas.
Prevé bastante tiempo para llegar a la
línea de salida el día de la maratón.

CONTACTO:
Budapest Marathon Organisation
H-1138 Budapest,
Váci út 152-156.
Hungría
☎ +36 1 273 0939
✉ budapest.run@futanet.hu
🖥 www.budapestmarathon.com

Maratón de Budapest | Hungría

La capital húngara ofrece una experiencia rica en cultura tanto para el corredor como para el viajero. Se trata de una ciudad de gran esplendor arquitectónico, que se extiende sobre un amplio meandro del río Danubio, y la maratón te llevará a recorrer sus mejores partes.

Buda y Pest empezaron siendo dos ciudades separadas, pero la primera, acurrucada entre las colinas del margen occidental del Danubio, se unió a Pest, situada en la orilla oriental, en 1873.

Durante gran parte de su recorrido, la carrera sigue paralela a los embarcaderos más bajos del curso fluvial, desde donde hay muy buenas vistas de las colinas de Buda desde Pest, y de la magnífica cúpula neogótica del Parlamento desde Buda. Además, el trazado supone cruzar en dos ocasiones, y a veces en tres, los famosos puentes sobre el Danubio.

La carrera se inicia en la inconfundible Hosök Tere, o plaza de los Héroes, y sigue una ruta de ida y vuelta para finalizar cerca de la salida, tras realizar un gran recorrido por la capital de Hungría. Los héroes a los que da nombre la plaza no son los de la época soviética (aunque una estatua gigantesca de Stalin, que en otro tiempo se alzaba cerca de la actual línea de meta, fue derrocada de su pedestal durante la revuelta húngara). La plaza de los Héroes se construyó en 1896 para conmemorar el nacimiento del país, y las estatuas que se alinean en el atrio representan, sobre todo, a reyes anteriores. Los corredores parten de esa impresionante plaza y recorren la arbolada Andrássy út, Patrimonio de la Humanidad, pasan junto al Museo de Béla Bartók y el majestuoso teatro de la Ópera de Hungría. Llegan al embarcadero de Pest, antes de girar hacia el norte, y prosiguen en esa dirección hasta que alcanzan el punto de retorno, frente a la isla de Margarita. Desde allí se inicia el regreso; el Danubio vuelve a cruzarse hasta Buda a través del característico puente de las Cadenas, que fue la primera unión física entre las dos orillas, originalmente construido en 1849.

Los participantes llegan al embarcadero que corre paralelo a las murallas del castillo de Buda, y vuelven a girar al norte, en el segundo punto de giro de la maratón, frente al primero, pero en el otro margen del río. Desandando sus pasos en dirección sur, los

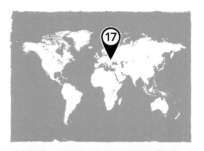

UNA VEZ ALLÍ

Buda es la parte más antigua de la ciudad, y merece la pena recorrerla, mientras que en Pest hay más oferta gastronómica. De día, visita los **edificios neogóticos del Parlamento**, con un diseño inspirado en las Casas del Parlamento de Londres. Se trata del edificio de mayor tamaño y más impresionante del país. De noche, adquiere entradas para algún espectáculo en el **Teatro de la Ópera de Hungría**, una ganga comparado con los precios de muchos otros teatros principales en otros países. Más impresionante aún que cualquier función es el edificio mismo, con sus pasillos de mármol, sus lámparas de araña de cristal y sus kilómetros de dorados, que crean un territorio de fantasía de la Belle Époque. Ver: www.visitbudapest.travel

Izquierda: Desde Andrássy út en dirección sur, los corredores abandonan la plaza de los Héroes al inicio de la carrera.

corredores llegan al tercer giro para traspasar bajo el puente de las Cadenas y dejar atrás los baños termales Rudas, el Hotel Gellért Art Déco y la Universidad Técnica. Los corredores vuelven a cruzar el Danubio por el puente de la Libertad, y siguen unos 5 kilómetros hacia el norte por el embarcadero de Buda. Finalmente, tras alejarse del río frente al Parlamento, los últimos kilómetros implican la mayor pendiente de esta carrera que se desarrolla en terreno plano en su práctica totalidad: un paso elevado que lleva a los participantes por encima del primer cinturón viario de la ciudad, una ruta necesaria para evitar el sistema de tranvías más concurrido de Europa.

Como sucede en Viena, la otra capital del Imperio «bicéfalo» de los Habsburgo, Budapest también convierte la música en tema

Izquierda: El puente de las Cadenas es el primero que cruzan los atletas que participan en la Maratón de Budapest.

Arriba: Gran parte del apoyo que se recibe durante la carrera debe provenir de otros corredores que llegan a los giros cuando tú ya realizas el trayecto de regreso, pues los estrechos embarcaderos dejan poco sitio para los espectadores.

de la Maratón, y se organizan conciertos de música clásica en lugares cercanos a la línea de meta. Los corredores cansados pueden relajarse en los muchos baños termales de la ciudad, una delicia tras los esfuerzos de la carrera. Escoge el Baño y Spa Szechenyi, convenientemente ubicado cerca del punto de llegada, en el Parque de la Ciudad, o regresa a los Baños Rudas, de Buda, que datan de los siglos XVI y XVII y están llenos de carácter. El entorno evocador y la promesa de un baño termal al final de la carrera hacen de la Maratón de Budapest un plan apetecible.

Maratón de Ciudad del Cabo y Maratón de los Dos Océanos | Sudáfrica

Table Mountain, en Ciudad del Cabo, proporciona un telón de fondo muy hermoso, y se organizan distintas carreras para sacarle partido. La Maratón de Ciudad del Cabo tiene lugar en septiembre, y la más exigente, la de los Dos Océanos (que en realidad es una carrera de resistencia de 56 kilómetros), el sábado de Pascua, anualmente, coincidiendo con la muy popular media maratón.

Como ocurre con muchas carreras que se organizan en todo el país, la Maratón de Ciudad del Cabo empieza a las 6.30 de la madrugada para aprovechar el frescor de la mañana. Hay puntos de avituallamiento de agua repartidos por todo el recorrido para asegurar la hidratación de los participantes. La carrera, rápida y plana, se inicia en el centro de Ciudad del Cabo y lleva a los participantes hasta Rondebosch antes de regresar a la City y a la fachada marítima de Victoria & Alfred, Sea Point y Green Point Common. Muchos corredores acuden a la Maratón de Ciudad del Cabo en busca de marcas que les clasifiquen para participar en uno de los mayores espectáculos de resistencia de Sudáfrica, como es la Maratón de los Camaradas de Durban o, más localmente, la Maratón de los Dos Océanos.

Izquierda: Carrera rápida y llana entre un paisaje espectacular de montañas y mar hacen de ella una maratón atractiva.

Derecha: La Maratón de los Dos Océanos, y su hermana, la carrera de trial (en la imagen) hacen honor a su fama de duras carreras de resistencia.

DATOS DE LA CARRERA

MARATÓN DE CIUDAD DEL CABO
CUÁNDO: Septiembre
INSCRIPCIÓN: Hasta junio del mismo año
N° DE PARTICIPANTES: 1.800
NIVEL DE DIFICULTAD: 7/10
CONSIDERACIONES ESPECIALES: Inicio temprano y carreteras solitarias, además de un calor que potencia la transpiración, por lo que conviene preocuparse por la hidratación.

CONTACTO:
PO Box 101
Lansdowne
7779 Ciudad del Cabo, Sudáfrica
☎ +27 21 699 0655
✉
🖥 www.wpa.org.za

MARATÓN DE LOS DOS OCÉANOS
DISTANCIA: 56 km
CUÁNDO: Sábado de Pascua
INSCRIPCIÓN: Octubre
N° DE PARTICIPANTES: 11.000 (16.000 en media maratón)
NIVEL DE DIFICULTAD: 8/10
CONSIDERACIONES ESPECIALES: Se trata de una ultramaratón de 56 kilómetros, no de una maratón estándar. La marca mínima de 7 horas decepciona a muchos, que no son admitidos. El calor puede pasar factura.

CONTACTO:
Old Mutual Two Oceans Marathon
PO Box 2276
Clareinch 7740
Ciudad del Cabo
Sudáfrica
☎ +27 21 657 5140
✉ info@twooceansmarathon.org.za
🖥 www.twooceansmarathon.org.za

La Maratón de los Dos Océanos añade un tercio a la distancia convencional, aunque ni con ello iguala en extensión a muchas carreras del calendario de carreras de Sudáfrica, dominado por pruebas de ultradistancia. Aun así, a diferencia de la Maratón de Sudáfrica, la de los Dos Océanos dista mucho de ser «rápida y plana», a pesar de que los corredores pueden confiarse por la relativa horizontalidad de la primera mitad, antes de que el trazado inicie un ascenso hasta el Pico Chapman (180 metros). Después de descender desde allí hasta Hout Bay, la carrera vuelve a ascender hasta alcanzar su máximo, en Constantia Nek (215 metros), y a continuación sigue una ruta ondulada hasta la línea de meta, situada en la Universidad de Ciudad del Cabo.

Izquierda: A los organizadores de la Maratón de los Dos Océanos no les falta razón cuando afirman que es la maratón más bella del mundo, a pesar de que técnicamente no se trata de una maratón.

Arriba: Su carácter salvaje y ventoso ofrece unas condiciones difíciles incluso para los corredores más experimentados.

Para poder inscribirse, los corredores deben haber terminado alguna maratón en menos de 5 horas. La Maratón de los Dos Océanos atraviesa los Jardines de Kirstenbosch y la vasta extensión de costa desde Fish Hoek, que recorre la península de Ciudad del Cabo hasta el Pico Chapman. Al hacerlo, da sentido al nombre de la carrera, y abarca las costas de los océanos Atlántico y Pacífico en un solo recorrido.

La recompensa llega durante el ascenso a las montañas conocidas como el Suikerbossie Pass. Cuando todas las reservas ya se han gastado llega el regalo de las vistas sobre el Atlántico, que resplandece a lo lejos, y que permanecerá en la memoria del participante durante muchos años.

DATOS DE LA CARRERA

CUÁNDO: Finales de mayo / principios de junio
INSCRIPCIÓN: Enero del mismo año
N° DE PARTICIPANTES: 21.000
NIVEL DE DIFICULTAD: 7/10
CONSIDERACIONES ESPECIALES:
A diferencia de otras maratones, esta se corre por la tarde, por lo que si las condiciones atmosféricas se tuercen, la experiencia puede resultar incómoda.

CONTACTO:
Stockholm Marathon
15124, SE-16715 Bromma
Suecia
☎ +46 8 545 664 40
✉ info@marathon.se
🖥 www.stockholmmarathon.se

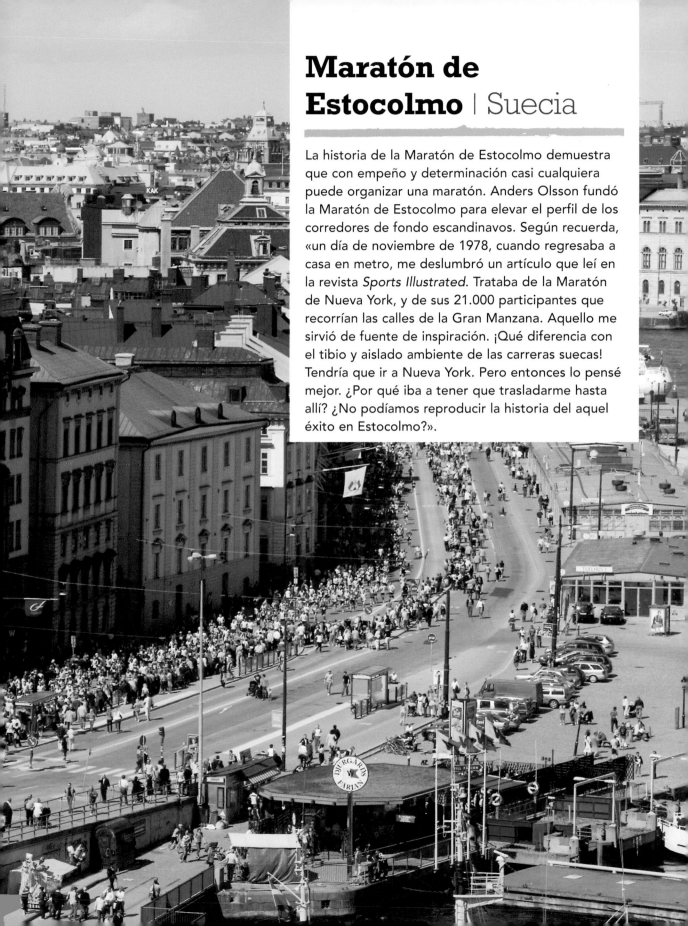

Maratón de Estocolmo | Suecia

La historia de la Maratón de Estocolmo demuestra que con empeño y determinación casi cualquiera puede organizar una maratón. Anders Olsson fundó la Maratón de Estocolmo para elevar el perfil de los corredores de fondo escandinavos. Según recuerda, «un día de noviembre de 1978, cuando regresaba a casa en metro, me deslumbró un artículo que leí en la revista *Sports Illustrated*. Trataba de la Maratón de Nueva York, y de sus 21.000 participantes que recorrían las calles de la Gran Manzana. Aquello me sirvió de fuente de inspiración. ¡Qué diferencia con el tibio y aislado ambiente de las carreras suecas! Tendría que ir a Nueva York. Pero entonces lo pensé mejor. ¿Por qué iba a tener que trasladarme hasta allí? ¿No podíamos reproducir la historia del aquel éxito en Estocolmo?».

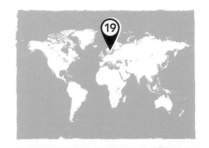

La capital de Suecia alberga un gran mundo marítimo, en forma de abanico, formado por más de 24.000 islotes. En verano, el **Archipiélago** es un paraíso para los aficionados a la vela y las barcas, y también resulta accesible a quienes lo visitan en transporte público. Una hora de autobús, tren local o coche te llevará hasta varias comunidades isleñas.

Aun así, la mejor opción es partir del centro de Estocolmo en uno de los **transbordadores blancos clásicos,** muchos de los cuales construidos a finales del siglo XIX y principios del XX. Una vez allí, puedes dedicarte a explorar la simple belleza natural de las islas; la mayoría cuentan con una buena infraestructura de **hoteles, posadas, zonas de acampada** y **restaurantes.**

Ver visitsweden.com

Motivado por esa visión, Olsson tuvo que convencer a otros entusiastas del atletismo de que se trataba de una idea factible y, más difícil todavía, solicitar a las autoridades policiales que cerraran las calles. En la década de 1970, correr en maratones era algo fuera de lo común, un reducto de excéntricos. «Por lo general, la gente corría en carreteras secundarias, polvorientas, sin público, exceptuando a alguna esposa entregada y algún que otro transeúnte asombrado», rememora. En agosto de 1979, la Maratón de Estocolmo estuvo finalmente lista para su primera edición, con más de 2.000 participantes inscritos. Y eso sólo era el principio. Las calles se habían llenado de espectadores, habían cerrado las calles, y el público, entregado, aguardaba impaciente sin saber bien qué.

La carrera se corre en dos vueltas. La ruta es variada, y avanza entre bosques, pasa junto a vías de agua y recorre los lugares históricos de la capital sueca. El clímax se alcanza en el Estadio Olímpico de 1912, donde miles de aficionados esperan para animar a los que llegan al final. Ese estadio ha sido escenario

Página anterior: Los corredores pasan junto al frente marítimo, rodeando el casco antiguo de Estocolmo.

Izquierda: La carrera da dos vueltas a la ciudad medieval, los canales y el bosque.

Arriba: La carrera empieza en el exterior del estadio olímpico de 1912, y termina en una pista de su interior, para gran entusiasmo de la multitud congregada.

de 83 récords mundiales, y, con 8.500 corredores internacionales procedentes de 81 países, la maratón se convierte en todo un festival multicultural.

Parte de su atractivo es la propia ciudad de Estocolmo, una de las capitales más bellas del mundo. Construida sobre 14 islas en torno a su centro medieval, cuenta con una ubicación soberbia, y con vistas impresionantes en todas direcciones. Un archipiélago de 24.000 islotes aguarda a las puertas de la ciudad. Estocolmo es una ciudad de contrastes —agua e islas, historia e innovación, pueblo pequeño y ciudad grande, largas noches de verano iluminadas y breves días de invierno. La carretera recorre lo mejor de la capital, se dirige al bosque del Parque Real Djurgården, y pasa por las calles del centro, entre edificios como el Palacio Real, el Ayuntamiento, la Ópera Real y el Parlamento. Al cruzar el Puente de Västerbron, elevado y curvo, que se encuentra en el extremo occidental de la carrera, los participantes reciben la recompensa de unas vistas fantásticas de la ciudad.

Maratón Urbana de Viena | Austria

El eslogan de la Maratón Urbana de Viena es «Corre en Viena, disfruta de los clásicos», y ese espíritu se manifiesta de distintas formas, desde corredores tocados con pelucas de Amadeus hasta pequeños conciertos de música clásica a lo largo de la ruta. Se trata de una carrera que tiene como telón de fondo la arquitectura clásica del periodo Habsburgo, y el acompañamiento musical de grandes compositores. No en vano esta fue la ciudad que acogió a Mozart.

Viena, con su rico pasado clásico, ha sido fuente de inspiración de músicos. Su efecto sobre los corredores no difiere mucho. La melodía inesperada de un cuarteto de cuerda eleva el ánimo cuando flaquean las fuerzas. Para los espectadores, se trata de una carrera con banda sonora. De hecho, a lo largo de la ruta acompañan piezas de compositores como Mozart y Strauss. En ediciones anteriores, el muy respetado sir Simon Rattle ha dirigido la orquesta en conciertos especiales para la maratón.

Los atletas proceden de más de 100 países, y suman 30.000. La carrera incluye muchos tramos largos, planos, de calles y zonas verdes. Las vistas de la ciudad bastan, por sí mismas, para

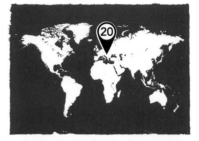

UNA VEZ ALLÍ

No te pierdas el **Castillo de Hofburg**, en otro tiempo corazón del imperio austro-húngaro y hoy corazón de Viena —sus parques, iglesias y museos lo rodean. Pasea por las avenidas y visita los cafés, mundialmente famosos, punto de encuentro de intelectuales. Si deseas ir algo más allá, dirígete al **Palacio Belvedere**, en el Distrito 3°, centro de las colecciones artísticas clásicas de la ciudad, que incluye *El beso*, la obra de Gustav Klimt. Igualmente impresionante es el **Palacio de Schönbrunn**, que se construyó para que rivalizara con el de Versalles con su esplendoroso estilo barroco. Aun así, la casa de los Habsburgo no consiguió el dinero para desbancar a su rival francés.
Ver www.austria.info

Izquierda: Se celebran otras carreras simultáneamente a la maratón en esta ciudad atractiva y monumental.

Derecha: La Maratón Urbana de Viena atrae a muchos corredores de élite.

DATOS DE LA CARRERA

CUÁNDO: Abril
INSCRIPCIÓN: Hasta noviembre del año anterior.
N° DE PARTICIPANTES: 30.000
NIVEL DE DIFICULTAD: 5/10
CONSIDERACIONES ESPECIALES:
El tiempo concedido es de 6 horas, pero en ocasiones el corte de las calles termina antes.

CONTACTO:
Entorprise Sport Promotion GmbH
Gußhausstruße 21/19
1040 Viena, Austria
☎ +43 1 606 421 95 10
✉ office@vienna-marathon.com
🖥 www.vienna-marathon.com

mantener la moral bien alta. Se trata de una buena maratón para principiantes. De hecho, una edición de la carrera limitó el aforo a «sólo debutantes».

La carrera se inicia con el largo y recto paso por el Donaukanal (canal del Danubio), que deja atrás el edificio de Naciones Unidas de la ciudad, y termina atravesando la calle de circunvalación, bajo un arco. De pronto te encuentras en la Heldenplatz (o plaza de los Héroes), frente al Palacio Imperial. A lo largo de la ruta cruzas el Danubio, pasas junto a la célebre noria del parque del Prater y dejas atrás el Palacio de Schönbrunn. El teatro de la Ópera es tal vez el edificio clásico que ha hecho la ciudad tan reconocible en todo el mundo y también se incluye en la «visita turística» que ofrece la maratón.

Arriba: Atletas de más de 100 países participan en este evento popular.

Derecha: La Maratón Urbana de Viena fue de las primeras en ofrecer asistencia técnica a sus participantes y a sus animadores. También fue pionera en un servicio de mensajes de texto que avisaba de los tiempos parciales cada 5 kilómetros, lo que permitía que el avance de todos los asistentes quedara registrado y pudiera estimarse su tiempo total.

Los espectadores jalean con entusiasmo, y su apoyo siempre es bienvenido. Incluso si eres extranjero te sentirás como si tus propios parientes te animaran a llegar a la línea de meta. Y el apoyo no se limita a la carrera: los organizadores han creado una red para animar a los corredores a acudir a Viena desde lugares muy lejanos. Los VCM Friendship Runners son voluntarios locales que han corrido la maratón en ediciones anteriores y pueden ayudar a los inscritos respondiendo sus preguntas e intercambiando información en las lenguas de los visitantes, a través de la página web: www.viena-marathon.com.

La organización del evento es extraordinaria, y no excluye varias actividades lúdicas. La maratón se celebra en torno a un tema distinto todos los años. En 2010 conmemoró los 2.500 años de la batalla que le da nombre.

Maratón de Praga | República Checa

La Maratón de Praga se ha convertido en un símbolo descarado y cosmopolita de la manera de entender la vida de los checos, así como de su gestión de la ciudad.

Muchos aseguraban que sería imposible organizar una carrera de esas características a través de las calles adoquinadas de Praga, pero el impulsor de la carrera, Carlo Capalbo, discrepaba. Pidió y obtuvo la ayuda de Emil Zátopek, leyenda checa del deporte, que había ganado tres medallas de oro en los Juegos Olímpicos del Helsinki de 1952, y del campeón de la maratón olímpica de 1988, el italiano Gelindo Bordin. Juntos se dedicaron a organizar una maratón internacional en esta ciudad de calles

DATOS DE LA CARRERA

CUÁNDO: Mayo
INSCRIPCIÓN: Hasta enero
N° DE PARTICIPANTES: 11.000
NIVEL DE DIFICULTAD: 6/10
CONSIDERACIONES ESPECIALES:
Participantes de ediciones recientes han
referido problemas logísticos en la salida,
y las estrechas calles adoquinadas
pueden resultar difíciles para personas
con problemas de tobillos o rodillas.

CONTACTO:
Prague Marathon
Záhoranského 3
120 00 Praga 2
República Checa
☎ +420 224 91 92 09
✉ info@praguemarathon.com
🖥 www.praguemarathon.com

UNA VEZ ALLÍ

Praga es una de las ciudades mejor conservadas de Europa, y un paseo por la **ciudad vieja** revela lugares fascinantes. Un clásico es la visita al **puente de Carlos**, que es tanto una obra de arte como una hazaña de la ingeniería. Pasa una tarde recorriendo el **castillo medieval** y maravíllate con la arquitectura, que presenta muestras de estilos gótico, renacentista y modernista.

antiguas e imponente arquitectura, que con frecuencia ha conocido una historia tumultuosa.

Desde su fundación en 1995, año en que sólo se inscribieron 958 participantes, la Maratón de Praga se ha convertido en una de las carreras más mágicas y emocionantes de nivel internacional.

Praga es una ciudad animada por el arte. Coincidiendo con la carrera se celebra el Festival de Música de la Maratón, en el que, siguiendo su recorrido, actúan grupos de profesionales y aficionados que marcan el ritmo a los pasos de los atletas. La música atrae a mucha gente que sale a la calle a animar a los participantes, y que crea un ambiente inconfundible. El evento se inicia todos los años con una interpretación del tema de Bedrich Smetana «Vlatva», muy querido por el público, y que pertenece a la composición titulada *Ma Vlast* («Mi País»). Se trata de una música que evoca el sonido de un río que fluye. A medida que la música va sonando, parece abrazar al río de participantes que parten en masa de la línea de salida, situada en la plaza de la

Ciudad Vieja. Apenas suena el pistoletazo inicial, su rápido avance inunda las calles y los paseos junto al río Moldava.

Al llegar a río, tras unos cientos de metros, los corredores gozan de vistas del castillo de Praga —hogar de los reyes checos y actual residencia del presidente de la república—, situado en la otra orilla. También dejan atrás el Parlamento Checo, la Sala de Conciertos Rudolfinum y el Ayuntamiento, donde todos los años, al término de la maratón, da inicio el Festival de Música de Primavera. Apenas en su segundo kilómetro, el trazado pasa entonces por el barrio de la Biblioteca Nacional, el Teatro Nacional y el Karolinum, sede de la Universidad Carolina, la más antigua de la Europa Central.

A partir de ahí, la carrera regresa al río y lo cruza por el célebre puente de Carlos, que aparece en el logotipo de la Maratón de Praga. Acercando sus pasos a la historia más reciente, los participantes pasan por la Avenida Nacional, donde se inició la era poscomunista de la antigua Checoslovaquia durante su Revolución estudiantil de Terciopelo, que se vivió el 17 de noviembre de 1989. Los últimos 400 metros recorren, en sentido inverso, la primera parte de la carrera.

Abajo: El frente fluvial supone una ruta atractiva para los corredores.

Derecha: Los monumentos de la ciudad antigua nunca quedan muy lejos en esta maratón.

Derecha abajo: La Calle París (Parizska) es la avenida comercial más famosa de Praga, y siempre está llena de espectadores que animan a los atletas a medida que se aproximan a la línea de meta.

Maratón de Berlín | Alemania

La Maratón de Berlín BMW es una carrera en la que la reserva alemana desaparece, y las emociones están a flor de piel. Es la carrera en la que se han batido más récords mundiales, y en la que al llegar a la meta, situada en la Puerta de Brandenburgo, suelen derramarse lágrimas.

Todos los aspectos del entorno incitan a correr. El trazado es plano y uniforme, el clima otoñal, templado, y el ambiente que crea la multitud transmite una corriente eléctrica que espolea incluso al corredor más cansado a llegar a la meta. La competición es apta tanto para participantes de élite como para aficionados —los primeros solicitan correr en Berlín porque saben que es propicia a las buenas marcas (Paula Radcliffe participó en 2011 para conseguir la marca que le permitiría estar presente en los Juegos Olímpicos).

Se inscriben más de 40.000 personas, y los espectadores atestan las calles, que comparten con más de 70 bandas musicales que tocan en vivo. En algunos puntos, la carrera se convierte en una especie de carnaval, sobre todo en el Wilde Eber, a unos 27 kilómetros del inicio, donde un grupo de animadoras elevan la moral en una de las pendientes del recorrido, antes de que éste descienda suavemente hacia Kurfürstendamm.

La primera maratón de Berlín se corrió en el bosque de Grunewald, en 1974, al suroeste de la ciudad. En 1981 abandonó la zona arbolada y entró en las calles, pero sólo en 1991, tras la caída del Muro de Berlín, la maratón desbordó la Puerta de Brandenburgo y abarcó el viejo Berlín del Este. Aquel fue un acontecimiento histórico comparable a la Gran Maratón del centenario de Boston, o a la carrera que tuvo lugar en Nueva York en 2001, pocas semanas después de los atentados del 11-S.

En la actualidad, la carrera se abre paso entre los monumentos históricos más significativos de Berlín, como son el Reichstag, la Potsdamer Platz, la catedral, y alcanza el clímax en la Puerta de Brandenburgo, a sólo 350 metros de la línea de meta. La arquitectura berlinesa proporciona una visita animada por la historia, y correr una maratón ahí es la mejor manera posible de conocer los monumentos en pocas horas.

Derecha: El recorrido de la Maratón de Berlín se modificó en 1990, sólo tres días antes de la reunificación, para que pasara por la Puerta de Brandenburgo y uniera las dos mitades de esta ciudad hasta entonces dividida.

DATOS DE LA CARRERA

CUÁNDO: Último fin de semana de septiembre
INSCRIPCIÓN: Hasta enero del mismo año
N° DE PARTICIPANTES: 40.000
NIVEL DE DIFICULTAD: 4/10
CONSIDERACIONES ESPECIALES: A causa de la gran cantidad de inscritos, la carrera puede estar muy concurrida en algunos tramos. Carrera rápida y plana.

CONTACTO:
BMW Berlin Marathon
SCC Events GmbH
Hanns-Brau-Strasse
Adlerplatz
14053 Berlín, Alemania
☎ +49 30 30 12 88 10
✉ info@sccevents.com
🖥 www.bmwberlin-marathon.com

DATOS DE LA CARRERA

CUÁNDO: Mayo
INSCRIPCIÓN: Diciembre del año anterior
N° DE PARTICIPANTES: 12.000
NIVEL DE DIFICULTAD: 5/10
CONSIDERACIONES ESPECIALES:
La congestión en la zona de pesca implica
que hay poco espacio para encontrarse
con los espectadores. Los adoquines, en
parte del trazado, pueden dificultar la
marcha si existen problemas de tobillo.

CONTACTO:
Copenhagen Marathon
Gunnar Nu Hansens Plads 11
DK 2100, Copenhague, Dinamarca
☎ +45 35 26 69 00
✉ info@copenhagenmarathon.dk
🖥 www.copenhagenmarathon.dk

Maratón de Copenhague | Dinamarca

En algunas carreras lo que cuenta es el paisaje, en otras, el espíritu del evento, pero en Copenhague lo que cuenta es correr. La competición es encarnizada, e incluso los entusiastas más amateurs son rivales.

Esta dedicación a correr viene definida por el eslogan oficioso de la Maratón de Copenhague: «Lo que importa es correr». Aun así, el trazado te llevará por los puntos más característicos de la capital danesa. Está *La Sirenita* junto al puerto, el gran edificio del Parlamento, y todo se ve inmerso en el aire fresco y revitalizante de los lagos, los parques y los espacios verdes. La carrera recorre los distintos aspectos de esta ciudad, desde los distritos más familiares hasta la zona pesquera de Langebro, con vistas al mar. Los participantes reciben un buen servicio mientras corren: hay puntos de hidratación cada 4,5 kilómetros donde se ofrecen bebidas energéticas, lavabos, duchas y frascos de vaselina para aliviar las inevitables rozaduras.

Copenhague da la bienvenida a los corredores, y dispone de grupos de aclimatación para ayudar a los que participan por primera vez. Un importante club de atletismo, el Sparta, agrupa a los corredores según su marca estimada, y les ayuda a enfocar la carrera a un ritmo que les permita llegar a la meta dentro del tiempo que ellos mismos se han fijado. Los corredores más lentos terminan en 5 horas, tiempo que incluye algún descanso, paradas para ir al baño y sesiones de canto y coreo de frases para mantener la moral bien alta. Si descubres que tu grupo te queda grande, siempre puedes encontrar otro más lento, pues todos resultan fácilmente identificables, ya que los que marcan el ritmo llevan unos globos de colores.

La tradición de la ciudad de compartir el espacio público permite a los atletas que llegan a ella sentirse integrados en una gran familia. Gran parte del recorrido se realiza a través de distritos residenciales en que los espectadores comen bocadillos de beicon al tiempo que animan a los inscritos. Se corre también una minimaratón de 1 kilómetro para niños, como parte de la Sports Expo del evento. Esa exposición es un lugar de encuentro lleno de energía donde, antes de la carrera, fluye la adrenalina, y donde pueden adquirirse equipos o recibirse masajes de calentamiento.

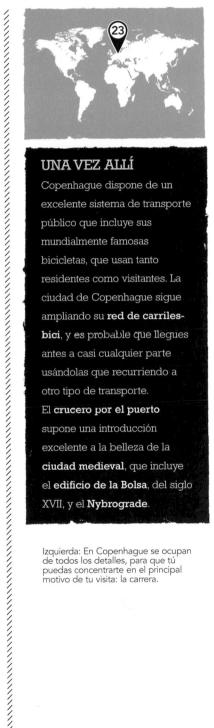

UNA VEZ ALLÍ

Copenhague dispone de un excelente sistema de transporte público que incluye sus mundialmente famosas bicicletas, que usan tanto residentes como visitantes. La ciudad de Copenhague sigue ampliando su **red de carriles-bici**, y es probable que llegues antes a casi cualquier parte usándolas que recurriendo a otro tipo de transporte. El **crucero por el puerto** supone una introducción excelente a la belleza de la **ciudad medieval**, que incluye el **edificio de la Bolsa**, del siglo XVII, y el **Nybrograde**.

Izquierda: En Copenhague se ocupan de todos los detalles, para que tú puedas concentrarte en el principal motivo de tu visita: la carrera.

Maratón de Venecia | Italia

La cuestión, para el equipo organizador de la Maratón de Venecia, era cómo hacer pasar una carrera de esas características por un lugar conocido por no disponer apenas de tierra firme. La respuesta fue usar los muchos puentes que atraviesan la ciudad acuática de Venecia. De hecho, los puentes son tan importantes para la carrera que uno de ellos se creó especialmente para el evento: se trata de una construcción flotante de 170 metros que cabalga sobre el Gran Canal. El pontón ofrece a los atletas una vista de 360 grados sobre el centro de la ciudad y su plaza más famosa, San Marcos. Se trata de una panorámica que sólo los inscritos pueden admirar, pues ni siquiera a los turistas acomodados que pagan sumas astronómicas por alojarse en hoteles de lujo se les garantizan buenas vistas. La importancia de los puentes se entiende mejor si se sabe que, durante los 3 últimos kilómetros, se cruzan nada menos que 13.

La línea de salida está en tierra firme, frente a Villa Pisani, construcción del siglo XVIII, situada en la localidad de Stra, que se edificó originalmente para alojar a la aristocracia italiana. El trazado lleva, a través de un paisaje campestre, en dirección a la ciudad industrial de Mestre, a la que se llega tras 25 kilómetros. Esta es la parte de la carrera que nunca aparece en las fotos. Más allá se extiende el espacio verde del Parque de San Giuliano, en el que los participantes cubren un tramo de 2 kilómetros y se preparan para cruzar el Puente de la Libertad, de 5 kilómetros, que conduce a Venecia propiamente dicha. Es ahí donde los corredores destacados se posicionan para ganar, aunque a los que marcan su propio ritmo tal vez les parezca que las vistas de la ciudad, que se acerca más y más, frenan un poco su avance. Una vez en Venecia, el paisaje va adquiriendo unos primeros planos cada vez más urbanos, eso sin contar la visión de los que animan desde el pontón.

Pasar por los puentes requiere de cuidado y concentración. Una vez pasada la línea de meta, en cambio, el agua se convierte en un bien buscado, y no a evitar, pues los atletas remojan sus piernas cansadas en la laguna, y descubren que hay taxis de agua que se encargan de llevar alimentos, bebidas, masajes y ropa limpia. La organización sin ánimo de lucro que financia oficialmente la Maratón, Water Aid, encaja a la perfección con el lema «Corre por el agua, corre por la vida».

UNA VEZ ALLÍ

A los venecianos les encanta el fútbol, como cabría esperar de cualquier ciudad italiana. Si te apetece asistir a un partido, llegarás al estadio del centro de la ciudad por el agua. Tras el partido, **Via Garibaldi** ofrece una gran variedad de bares con precios de copas mucho más económicos que en la clásicas trampas para turistas. Si no, acude a algún bar que ofrezca por televisión algún partido de la liga italiana. El **Mercado de Rialto**, con sus pescaderos escandalosos y sus coloridos puestos de verduras, está rodeado de bares, y es ahí donde muchos venecianos salen de copas los fines de semana.

Derecha: Si quieres participar, apúntate pronto; sólo hay 6.000 plazas al año, para evitar el desgaste de esta ciudad declarada Patrimonio de la Humanidad.

DATOS DE LA CARRERA

CUÁNDO: Octubre
INSCRIPCIÓN: Entre enero y marzo
Nº DE PARTICIPANTES: 6.000
NIVEL DE DIFICULTAD: 5/10
CONSIDERACIONES ESPECIALES: Muchos tramos estrechos, y muchos puentes que cruzar. El número máximo de participantes es de 6.000, por lo que conviene inscribirse pronto, y reservar alojamiento con bastante antelación.

CONTACTO:
Venice Marathon Club
via Linghindal,
5/5-30172 Venecia – Mestre
Italia
☎ +39 41 532 18 71
✉
🖥 www.venicemarathon.it

Maratón de Roma | Italia

Si se quiere vivir la experiencia de «correr entre la historia», ninguna otra maratón iguala a la de Roma, porque el trazado pasa por un número asombroso de monumentos. El Coliseo, el Vaticano y la Fontana de Trevi son sólo tres de las maravillas en oferta. Esas vistas aventajadas se explican porque Roma está saturada de lugares antiguos y espectaculares, pero también porque el centro de la ciudad se cierra al tráfico el día de la carrera, lo que regala a los atletas lo mejor que la ciudad tiene que ofrecerles.

DATOS DE LA CARRERA

CUÁNDO: Marzo
INSCRIPCIÓN: Octubre del año anterior
N° DE PARTICIPANTES: 16.000
NIVEL DE DIFICULTAD: 6/10
CONSIDERACIONES ESPECIALES: Muy valorada por las vistas, pero las muchas calles adoquinadas pueden plantear problemas a algunos. Llévate tus propios geles energéticos. Puede resultar muy concurrida y calurosa en algunos tramos.

CONTACTO:
Viale B, Maratona di Roma
Bardanzellu 65,
00155 Roma
Italia
☎ +39 06 40 65064
✉
🖥 www.maratonadiroma.it

UNA VEZ ALLÍ

Arte, belleza, y el estilo de vida italiano se encuentran por doquier en Roma. A lo largo del recorrido de la maratón hay nada menos que 500 puntos de interés, entre ellos la basílica de San Pablo, Villa Borghese, el Circo Máximo y la escalinata de la Piazza di Spagna. **El Coliseo** es una visita obligada en Roma, aunque hay que andarse con cuidado con pillos vestidos de romano que cobran fortunas por hacerse fotos con los turistas. Cuidado también con las **cafeterías-trampa**: es mejor tomar el café de pie. Si te sirven en la mesa pueden cobrarte hasta cuatro veces más.

La carrera empieza y termina a la sombra del monumento más imponente de Roma: el Coliseo. Hace dos milenios, ante la promesa de algún gladiador importante, tal vez hubiera agotado las 50.000 localidades, Hoy, todos los años, el tercer domingo de marzo también son 50.000 los seres humanos enloquecidos que gritan animando a los corredores, pero se encuentran en el exterior, en las calles, esperando el inicio de la competición. Los participantes son 16.000, y otras 80.000 personas se inscriben en la carrera de 4 kilómetros «Romafun», que, minutos después, pisa los talones a los maratonianos.

La ondulante carrera serpentea hacia el sur, pasa junto al gigantesco Circo Máximo, la construcción romana donde tenían lugar las carreras de carros, se acerca a la basílica de San Pablo y regresa al centro por las orillas del Tíber. Después enfila hacia el oeste, cruza el río y llega a la basílica de San Pedro y a la Ciudad del Vaticano. Desde ahí avanza hacia el norte y llega al Foro Itálico antes de regresar, de nuevo por el río, hasta el centro histórico. Una floritura final, casi una

Página anterior: Los corredores pasan por la Piazza del Popolo.

Arriba: Las calles adoquinadas aportan encanto a la ciudad antigua, pero conviene llevar zapatillas con buena amortiguación para evitar pies y piernas doloridos.

Extremo superior derecho: La Maratón de Roma es una perfecta carrera turística que pasa por todos los monumentos antiguos.

Derecha: Las crónicas sólo tienen comentarios positivos sobre esta maratón con bastante público.

vuelta de honor anticipada, lleva a los atletas por un recorrido de la Piazza del Popolo, Villa Borghese, Piazza di Spagna y la Fontana di Trevi. Las maratones, en otras capitales europeas, ofrecen una serie de monumentos que salpican largas extensiones suburbanas o comerciales, pero en la Ciudad Eterna cada paso nos acerca a algo más, a otra vista, a otra maravilla.

La temperatura suele ser benigna, y la carrera, sorprendentemente, resulta plana, pues logra esquivar las siete colinas sobre las que la ciudad, como es notorio, se alza. Aquí se han registrado algunos buenos tiempos, lo que indica que las calles empedradas que rodean el Coliseo, punto de salida y llegada —dos kilómetros al inicio y cuatro al regreso— no son impedimento.

No está de más recordar que la ciudad ha sido escenario de acontecimientos deportivos desde hace más d 3.000 años y la maratón moderna, con todo su dramatismo, es digna heredera de ese legado.

DATOS DE LA CARRERA

CUÁNDO: Abril
INSCRIPCIÓN: Agosto del año anterior
Nº DE PARTICIPANTES: 15.000
NIVEL DE DIFICULTAD: 5/10
CONSIDERACIONES ESPECIALES:
Algunos tramos estrechos pueden parecer
claustrofóbicos a algunos. De fácil acceso
en metro y autobuses.

CONTACTO:
Marathon Hamburg Veranstaltungs GmbH
Alsterdorfer Strasse 262
22297 Hamburgo
Alemania
☎ +49 1805 77 17 60
✉ office@hamburgmarathon.de
🖥 www.marathon-hamburg.de

Maratón de Hamburgo | Alemania

Esta es la ciudad en la que los Beatles se presentaron al mundo, y su maratón también se empeña en moverse a su propio ritmo. Aquí te acompañará el temblor de las pisadas de 15.000 maratonianos, y contarás con un apoyo popular que no se encuentra en ninguna otra carrera de larga distancia. Los gritos de «*du schaffst es*» (¡tú puedes!) mantienen a los atletas decididos hasta el final.

Son las multitudes las que mantienen bien alto el espíritu de la maratón, con unos espectadores entusiastas que hacen sonar silbatos, bocinas y trompetas, o que marcan el ritmo con sartenes y cacerolas que se traen de sus casas mientras siguen la carrera. Se calcula que hay unos 25 espectadores por atleta, por lo que el recorrido se convierte en una fiesta de 42 kilómetros. Tal vez la característica más conmovedora es que el máximo apoyo por parte del público se da en el kilómetro 30, cuando los participantes más lo necesitan.

Lo primero que llama la atención de la Maratón de Hamburgo es lo fácil que resulta llegar hasta ella. Hay estaciones de metro al lado mismo de la línea de salida. Hamburgo asegura que todos los participantes estén bien atendidos, ofrece agua cada 2,5 kilómetros, y bebidas energéticas cada 5. Se disponen también cubos de agua a lo largo del recorrido para poder empapar gorros, esponjas y cualquier otra cosa a fin de refrescarse.

La carrera es plana, pero está muy concurrida. Hamburgo ha sido descrita como la ciudad más vivible de Alemania, y algo de ello se siente en el espíritu que desprende la carrera llegado el día. En la exposición previa, los recién llegados puede tomar un autobús que les lleva a realizar un recorrido por el trazado de la carrera, para que se familiaricen con ella antes de que dé inicio.

Hamburgo es uno de los mayores puertos de Europa, y es una ciudad fotogénica que combina muelles, canales, plazas de mercado clásicas, iglesias y grandes lagos. Todo ello puede admirarse durante la maratón, además de otros barrios que la mayoría de visitantes no tienen ocasión de ver. También se pasa por los puentes y las callejuelas que dan ambiente de esta ciudad portuaria.

UNA VEZ ALLÍ

La ciudad se conoce como la «ciudad verde del Elba», pues más de la mitad de su superficie está compuesta por **zonas verdes y parques**. De hecho, se considera que hay más árboles que personas. Con diferencia, la incorporación más espectacular al paisaje urbano es la **Ópera de Hamburgo**, inaugurada en 2012, y sólo superada por la de Sidney en espectacularidad. Estos alemanes, amantes de la cultura, tienen un teatro de ópera en Hamburgo desde hace más de 325 años. La **Reeperbahn** es genial para salir de noche, y para seguir los pasos de los Beatles. Ver www.hamburg-travel.com/es

Izquierda: Es costumbre, al terminar la maratón, ir a tomar cervezas, meterse en alguna sauna o comer pescado del famoso mercado de la ciudad.

Maratón de Fráncfort | Alemania

Hace un siglo, las maratones bajo cubierta eran un formato establecido, una alternativa a las que se corrían en campo abierto. Durante los Juegos Olímpicos de Londres de 1908, el italiano Dorando Pietri fue «ayudado» a cruzar la línea de meta y posteriormente descalificado entre gran algarabía a favor del estadounidense Johnny Hayes. Dado el gran interés que suscitó aquella historia, en aquella época se organizaron varias maratones en estadios cerrados, como espectáculos por los que multitudes entusiastas pagaban elevadas sumas de dinero.

En la actualidad, las maratones se celebran en calles de ciudades, desiertos, islas caribeñas, telones de fondo excepcionales para lograr unas carreras de gran dramatismo y emoción tanto para participantes como para espectadores, pero la Maratón de Fráncfort apela al espíritu de aquellas primeras competiciones. Los últimos 100 metros de esta rareza urbana llevan a los inscritos al interior del Salón de Festivales de la ciudad.

Una vez en su interior, nos damos cuenta de que el nombre de la instalación es adecuado. A medida que los corredores van entrando, son recibidos por fuegos artificiales, bandas de música, y 10.000 espectadores. Podría definirse como una Oktoberfest en la que la alegría no la pone el alcohol, sino la carrera. Sólo por ese detalle el evento ya resulta especial, y hace que el ambiente se acerque más al de un concierto, o al de la ceremonia inaugural de un partido de fútbol, que al de otras maratones al aire libre.

Si la llegada constituye una novedad, lo mismo sucede con la línea de salida. En ediciones anteriores, ésta se ha usado como escenario para representar un falso asesinato —un drama grabado por cámaras de televisión. La trama coloca a un detective pillado por un preso fugado que él contribuyó a encarcelar. Antes de la carrera, el preso intenta disparar al detective, pero su mala puntería le lleva a dar a un participante inocente. El resto de la acción prosigue con el preso intentando dar caza a su víctima a lo largo de la carrera.

Fráncfort es una ciudad de negocios, con rascacielos de vidrio y acero diseñados a la manera de los de Manhattan o Chicago. Si entornas los ojos, verás que, en efecto, existen similitudes entre ellos.

UNA VEZ ALLÍ

Hay un laberinto de edificios históricos y modernos reconocidos por su calidad artística. Entre los más destacados están el **Städel Institute of Art**, que alberga pinturas de la Edad Media, y la **Liebighaus**, con excelentes colecciones de escultura. Al otro lado del río aguardan el **Museo de Arte Moderno** y la **Schirn Gallery**. Hay un total de 60 museos en Fráncfort, y todos ellos muestran colecciones aclamadas internacionalmente.

Derecha: La meta a cubierto, sobre una alfombra roja, proporciona un final atípico a la Maratón de Fráncfort.

La Maratón de Fráncfort atrae a 21.000 participantes y a 35.000 espectadores a lo largo de su trazado, y son unos 9.500 los que cubren la totalidad del recorrido todos los años. La carrera avanza a la sombra de los rascacielos, y pasa junto a algunos monumentos destacados, como la Alte Oper, edificio de estilo renacentista italiano —uno de los mejores teatros de la ópera de Europa hasta su destrucción, en 1944, y de nuevo desde 1981, cuando fue restaurado para devolverle su antiguo esplendor. También pueden admirarse otros espectáculos de altura en ruta, como son el Eschenheimer Turm, la puerta norte de la antigua fortificación de la ciudad, construida hacia 1400 por el maestro constructor de catedrales Madern Gerthener.

Con todo, no es por su arquitectura por lo que acude la comunidad internacional. De hecho, es su espectacular meta cubierta lo que ha convertido a la Maratón de Fráncfort en una especie de leyenda.

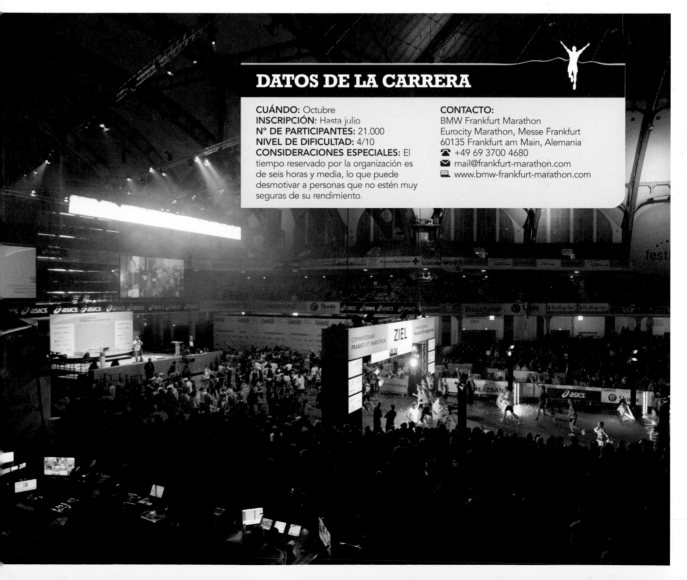

DATOS DE LA CARRERA

CUÁNDO: Octubre
INSCRIPCIÓN: Hasta julio
Nº DE PARTICIPANTES: 21.000
NIVEL DE DIFICULTAD: 4/10
CONSIDERACIONES ESPECIALES: El tiempo reservado por la organización es de seis horas y media, lo que puede desmotivar a personas que no estén muy seguras de su rendimiento.

CONTACTO:
BMW Frankfurt Marathon
Eurocity Marathon, Messe Frankfurt
60135 Frankfurt am Main, Alemania
☎ +49 69 3700 4680
✉ mail@frankfurt-marathon.com
🖥 www.bmw-frankfurt-marathon.com

DATOS DE LA CARRERA

CUÁNDO: Septiembre
INSCRIPCIÓN: Hasta enero
N° DE PARTICIPANTES: 4.000
NIVEL DE DIFICULTAD: 9/10
CONSIDERACIONES ESPECIALES: Se trata de una maratón para competidores serios, y a menos que tengas la forma física de un superhéroe, recorrerás andando muchos de los tramos finales. A pesar de ello, el tiempo reservado es de sólo 6.30 horas.

CONTACTO:
Jungfrau-Marathon Incoming Office
Strandbadstrasse 44
CH-3800 Interlaken
Suiza
☎ +41 33 827 62 90
✉ info@jungfrau-marathon.ch
🖥 www.jungfrau-marathon.ch

Maratón del Jungfrau | Suiza

La Maratón del Jungfrau es una carrera de montaña sólo apta para los más motivados, en la que los desafíos cambian cada pocos kilómetros, con pendientes muy pronunciadas que deben abordarse a medida que se gana altura y se pierde oxígeno. Estar a la altura del reto compensa en forma de grandes vistas, y por la sensación inigualable de logro que se tiene al llegar a la línea de meta.

En este evento es casi tan importante correr como escalar. La carrera se centra en torno al Kleine Scheidegg, un paso de montaña a 2.061 metros de altitud que se alza sobre la ciudad suiza de Interlaken. Los primeros 25 kilómetros se corren sobre terreno relativamente plano, y se avanza bien, pero en los últimos 17 se inicia el verdadero ascenso, y ahí es donde se pone a prueba la fuerza de voluntad de los corredores.

28

UNA VEZ ALLÍ

La localidad más cercana al Jungfrau es **Interlaken**, lo bastante pequeña como para recorrerla a pie o en bicicleta, y un gran destino vacacional desde el que explorar la **región de Berna**. También hay trenes a Zúrich y a Ginebra, si te interesa una experiencia más urbana. La población es ideal para adquirir souvenirs suizos. Para los entusiastas de los spas y el bienestar corporal, el **Bödelibad Interlaken** cuenta con una sauna excelente, baño de vapor e hidromasaje. Ver: www.myswitzerland.com

Existen organizaciones y competidores en todo el mundo que se dedican al arte de correr en montaña, y los vencedores habituales de esta carrera son esos especialistas, como el multicampeón mundial neozelandés Jonathan Wyatt. Para llegar a la línea de meta, los vencedores deben completar un recorrido de 42,2 kilómetros con duras pendientes y aumentos de altitud considerables. Es algo así como la versión pedestre del Tour de France, incluido un número sorprendentemente elevado de espectadores por el camino.

Hasta 4.000 corredores de más de 50 países se apuntan al reto de esta maratón todos los años. Muchos de ellos se sienten atraídos por las vistas —en todo momento son visibles las cumbres nevadas, que recuerdan constantemente qué terreno se pisa.

Los corredores pasan por Interlaken y a continuación avanzan junto a la amplia y refrescante extensión del lago de Brienz, y por pueblos de montaña en los que las multitudes los aplauden

Página anterior: El paisaje, espectacular, es un regalo delicioso en esta dura maratón.

Arriba: Los ascensos en la Maratón del Jungfrau tienen un gradiente muy considerable, y llevan del fondo del valle a elevaciones de 1.800 metros.

Arriba derecha: Incluso los corredores experimentados describen este evento como una carrera en dos mitades: en la primera mitad se corre, en la segunda mitad se camina.

Derecha: Una sucesión continua de atletas cruza en fila india los puntos elevados.

con entusiasmo. El terreno es plácido cuando prosiguen en dirección a las majestuosas cascadas de Staubbach, pero recorridos 25 kilómetros, la montaña empieza a elevarse, y es entonces cuando se inicia la lucha despiadada. Hay que ascender por 26 curvas cerradas antes de llegar al kilómetro 30, donde la música y una multitud animada espolean a los atletas hasta las últimas pendientes, más allá de las cimas de las laderas esquiables, y por encima de la línea de los árboles.

Desde ahí, los corredores prosiguen hasta la base del glaciar Eiger, y alcanzan el punto más alto del recorrido, a 2.000 metros. La línea de meta queda un poco más allá, ante una vista de los altos picos alpinos, que recuerdan a los participantes por qué decidieron inscribirse: para absorber la belleza natural de glaciares, ríos y bosques, y para plantarse al final del recorrio con la sensación de haber llegado a la cima del mundo.

DATOS DE LA CARRERA

CUÁNDO: Mediados de octubre
INSCRIPCIÓN: Enero-septiembre
Nº DE PARTICIPANTES: 10.000
NIVEL DE DIFICULTAD: 4/10
CONSIDERACIONES ESPECIALES:
Una de las carreras más rápidas del
circuito mundial. Menos dramatismo y
menos retos comparada con otras.

CONTACTO:
TCS Amsterdam Marathon
c/o Le Champion
PO Box 5029
1802 TA Alkmaar, Países Bajos
☎ +31 72 532 48 49
✉ info@tcsamsterdammarathon.nl
🖥 www.tcsamsterdammarathon.nl

Maratón de Ámsterdam | Holanda

No ha de sorprender que Ámsterdam acoja una de las maratones más planas del mundo. Eso sólo la hace atractiva a corredores que desean batir sus propias marcas. Aun así, esta carrera ofrece algo más que espacios llanos.

Ámsterdam ha tenido fuerza en el mundo de las maratones desde la década de 1970, ganándose un lugar en la liga de las mejores del mundo. Figura habitualmente en los *rankings* de las diez mejores tanto de corredores de élite como de aficionados.

29

Página anterior: Recorrido de la maratón, junto al río Amstel.

Arriba: Coincidiendo con el evento principal también se celebran la Media Maratón Mizuno Business, la carrera Mizuno de 8 kilómetros y la Carrera Olímpica para Niños.

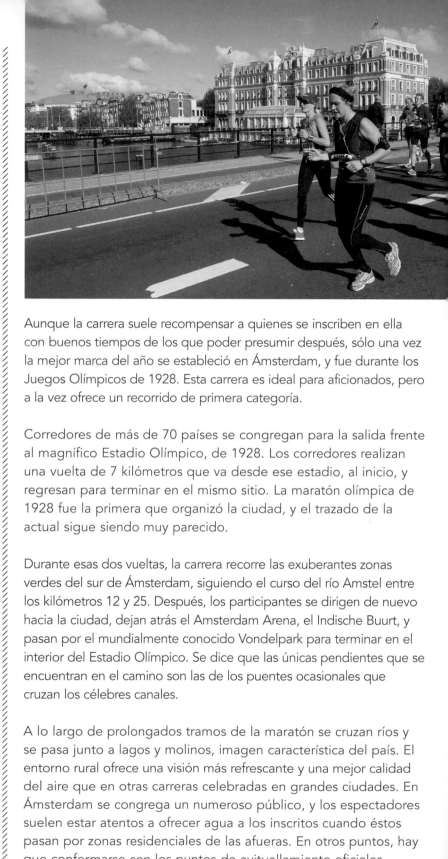

Aunque la carrera suele recompensar a quienes se inscriben en ella con buenos tiempos de los que poder presumir después, sólo una vez la mejor marca del año se estableció en Ámsterdam, y fue durante los Juegos Olímpicos de 1928. Esta carrera es ideal para aficionados, pero a la vez ofrece un recorrido de primera categoría.

Corredores de más de 70 países se congregan para la salida frente al magnífico Estadio Olímpico, de 1928. Los corredores realizan una vuelta de 7 kilómetros que va desde ese estadio, al inicio, y regresan para terminar en el mismo sitio. La maratón olímpica de 1928 fue la primera que organizó la ciudad, y el trazado de la actual sigue siendo muy parecido.

Durante esas dos vueltas, la carrera recorre las exuberantes zonas verdes del sur de Ámsterdam, siguiendo el curso del río Amstel entre los kilómetros 12 y 25. Después, los participantes se dirigen de nuevo hacia la ciudad, dejan atrás el Amsterdam Arena, el Indische Buurt, y pasan por el mundialmente conocido Vondelpark para terminar en el interior del Estadio Olímpico. Se dice que las únicas pendientes que se encuentran en el camino son las de los puentes ocasionales que cruzan los célebres canales.

A lo largo de prolongados tramos de la maratón se cruzan ríos y se pasa junto a lagos y molinos, imagen característica del país. El entorno rural ofrece una visión más refrescante y una mejor calidad del aire que en otras carreras celebradas en grandes ciudades. En Ámsterdam se congrega un numeroso público, y los espectadores suelen estar atentos a ofrecer agua a los inscritos cuando éstos pasan por zonas residenciales de las afueras. En otros puntos, hay que conformarse con los puntos de avituallamiento oficiales.

Maratón Rock'n'Roll Madrid | España

Como muchas otras maratones organizadas en grandes ciudades, la Maratón Rock'n'Roll Madrid fue primero el sueño de un grupo de amantes del deporte. Tardaron años en esbozar los planes, organizar el recorrido y convertir aquellos sueños en realidad. En 1978, la maratón era algo novedoso para el pueblo español, pero gradualmente ha ido animándose, y se ha convertido en un motivo de orgullo cívico y en una manera de proyectar la identidad de su ciudad, como se puso en evidencia, con gran fuerza, apenas 5 semanas después de los atentados de 2004 en los trenes de Madrid. Los corredores locales tienen siempre una presencia significativa, pero los organizadores ven en la participación extranjera la clave que habrá de permitirles aumentar la actual cifra de 12.000, hasta alcanzar su objetivo, que está en las 20.000 personas.

Madrid se extiende a 670 metros sobre el nivel del mar, lo bastante como para que esa altitud incida sobre los tiempos. Con todo, la primavera española suele ofrecer buenas condiciones de carrera en una ciudad que, en otras épocas, puede resultar calurosa y húmeda. En Madrid, sus habitantes no salen antes de las 10 de la noche los sábados, y llenan las calles durante toda la noche, sin la menor intención de regresar a sus casas hasta bien entrado el día siguiente. Estos hábitos sociales encajan bien con la maratón, que se beneficia de unas calles relativamente vacías que los corredores pueden transitar en su misión diurna. La línea de salida y la meta se ubican en el corazón de la ciudad, en esas calles recién desalojadas.

Desde el inicio, los participantes descienden por una pendiente suave y prolongada en dirección norte. Esa es la parte de la carrera ideal para relajarse, teniendo en cuenta que los esfuerzos improcedentes pasarán probablemente factura más adelante. Esos primeros kilómetros pasan por amplias avenidas, pero desprovistas de detalles urbanos interesantes. El grupo de corredores va dispersándose lentamente, y cuando llegan a la distancia de la media maratón, el espacio circundante ya permite mirar alrededor. Y hay mucho que ver.

Las calles adoquinadas pueden impedir que algún corredor disfrute del entorno, pero lo cierto es que hay mucho que

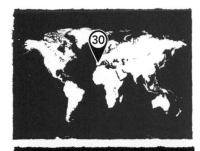

UNA VEZ ALLÍ

Para una visita fantástica, ve en metro hasta la estación de La Latina. Dese allí, pasea por la **plaza de la Cebada**, la **Cava Baja** y la **plaza de la Paja**. A partir de las 9 de la noche las calles se animan. Camina desde el **Viaducto**, en el límite sur de La Latina hasta la plaza España, cerca del **Palacio Real de Madrid**. Otra opción es sentarse y darse un banquete en los excelentes bares de tapas del **Mercado de San Miguel**.

DATOS DE LA CARRERA

CUÁNDO: Abril
INSCRIPCIÓN: noviembre del año
anterior
N° DE PARTICIPANTES: 12.000
NIVEL DE DIFICULTAD: 7/10
CONSIDERACIONES ESPECIALES:
La carrera incluye bastantes colinas, que
pueden suponer un desafío para el
principiante. La ciudad se extiende en una
llanura seca, a 700 metros sobre el nivel
del mar, por lo que conviene aclimatarse.

CONTACTO:
☎ + 34 91 354 03 89
✉ rnrmadrid@competitorgroup.com
🖥 www.maratonmadrid.org/

Izquierda: En la línea de salida confluyen los que corren la maratón y quienes participan en el reto de la carrera de 10 kilómetros, que lo hacen simultáneamente.

Arriba: La carrera es cuesta abajo salvo por dos tramos de 6 kilómetros, que incluyen alguna subida intensa.

Derecha: La de Madrid está considerada una maratón dura, incluso por corredores experimentados.

admirar. Los atletas pasan por la Puerta del Sol y giran para dirigirse a la plaza Mayor y el Palacio Real. Estas son algunas de las riquezas arquitectónicas de una ciudad que fue capital de un imperio que se extendía por medio mundo. Poco después los inscritos experimentan un contraste acusado al descender hasta el río Manzanares e iniciar un recorrido por la mayor zona verde de la ciudad: la Casa de Campo. Aquí todo es serenidad y paz, lejos del bullicio de las multitudes. La maratón termina en el otro gran parque de Madrid, el Retiro: los corredores acceden a él a través de su majestuosa verja, y corren a lo largo de una recta final igualmente majestuosa, flanqueada por espectadores que toman el sol y aguardan la llegada de sus seres queridos. En Madrid, ello suele significar el padre, pues se trata de una carrera predominantemente local y, en su gran mayoría, masculina. Sólo el 6 por ciento de los inscritos son mujeres, y ahí hay claramente un área de crecimiento en el futuro.

Los que corren en Madrid se sienten atraídos por su espíritu vital. La asistencia es masiva, y los espectadores animan con una pasión y una intensidad que son a la vez reflejo de su gente y testimonio del porvenir de la carrera.

Maratón de París | Francia

Aunque el Arco de Triunfo se erigió con otro tipo de triunfalismo en mente, se trata de un elemento central muy adecuado, que domina tanto la salida como la llegada en la Maratón de París, y recuerda a las multitudes lo importante que puede ser una victoria personal en una carrera de esas características. Llegar, simplemente, a la línea de salida en los Campos Elíseos, con el Arco de Triunfo como telón de fondo, constituye ya una especie de victoria: es uno de los pocos días del año en que el intenso tráfico parisino cede el paso al público general. Los grandes bulevares de París se extienden ante el participante, que durante los primeros dos kilómetros desciende hasta la plaza de la Concordia y poco después llega al Jardín de las Tullerías y al Museo del Louvre.

De los 40.000 inscritos, más de una cuarta parte no son franceses y proceden de 80 países distintos. Con diferencia, el grupo más numeroso es el de los británicos, que acuden en masa al evento cruzando el Canal de la Mancha en los trenes Eurostar. En una muestra de *entente cordiale*, el recorrido está flanqueado por banderas —la Tricolor, la Union Jack y la de las Barras y Estrellas se unen en una explosión de rojos, blancos y azules, como si dieran la bienvenida a unos héroes que regresan.

En la primera Maratón de París, organizada en 1977, sólo terminaron la carrera 77 personas. Durante el primer boom de la década de 1980, los inscritos llegaron a ser 7.000, pero en 1991 el evento se suspendió por discrepancias en el seno de la organización. Desde entonces, el ayuntamiento de París ha recurrido a los organizadores del Tour de Francia para que monten la maratón, y como consecuencia de ello ésta ha crecido tanto en tamaño como en proyección.

La Maratón de París discurre por el centro de la ciudad. El punto de salida y llegada resulta fácilmente accesible a pie desde gran número de estaciones de metro, y la carrera ofrece un catálogo exhaustivo de los monumentos. Si los corredores tienen tiempo de mirar a la izquierda mientras descienden por la Rue de Rivoli, verán fugazmente la Place Vendôme y la ornamentada Ópera de París en todo su esplendor.

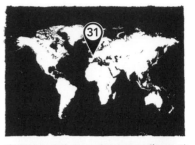

UNA VEZ ALLÍ

Uno de los barrios parisinos más encantadores es **Montmartre**, siempre lleno de turistas pero todavía bendecido por su ambiente de pueblo. Mantiene el sabor por el que la ciudad entera es conocida. Lleno de cafés y callejuelas, ha sido fuente de inspiración de muchas pinturas que crearon los artistas que vivieron aquí durante los siglos XIX y XX. Entre ellos, Edgar Degas, Henri Matisse, Henri de Toulouse-Lautrec, Pierre-Auguste Renoir y Pablo Picasso. Visita el conocido **cementerio** de Montmartre y verás que muchos de ellos están enterrados en él. Para una experiencia más vital, entra en **Le Moulin Rouge** y verás que todavía se mueve al ritmo de un cabaret.

Derecha: La Maratón de París ofrece una ruta panorámica, y pasa por los principales monumentos de la ciudad. Sin embargo, pueden producirse embotellamientos.

DATOS DE LA CARRERA

CUÁNDO: Abril
INSCRIPCIÓN: Septiembre del año anterior
N° DE PARTICIPANTES: El máximo se fija en 37.000
NIVEL DE DIFICULTAD: 7/10
CONSIDERACIONES ESPECIALES: Hay tramos estrechos en los que pueden producirse embotellamientos, y la carrera puede resultar excesivamente concurrida. El apoyo del público es considerable, y ayuda bastante a mantener la moral alta.

CONTACTO:
Amaury Sport Organisation
Immeduble Panorama B
253 Quai de la Bataille de Stalingrad
92137 Issy-les-Moulineaux Cedex
☎ +33 (0)1 41 33 14 00
✉ infos@parismarathon.com
🖥 www.parismarathon.com

El Ayuntamiento, estilo «tarta de bodas», queda muy poco más allá, a la derecha, antes de que los corredores lleguen a la Plaza de la Bastilla. Poco después, a medida que se aproximan al Bois de Vincennes, un cartel gigante anuncia «¡Ánimo! ¡Sólo quedan 32 kilómetros!». Tras serpentear por el parque, casi bucólico y con escasa presencia de público, la carrera llega a su ecuador y pasa a la margen derecha del Sena en el kilómetro 23. La orilla norte no es tan plana; los participantes son desviados en ocasiones por pasos subterráneos para no tener que cortar ciertos puentes. Al salir de uno de ellos verás fugazmente la silueta de Notre Dame y después, a los pocos kilómetros, pasarás por otro que te mostrará la Torre Eiffel a mano izquierda.

La carrera se desvía por el estadio de rugby del Parque de los Príncipes, y pasa junto a las pistas de tenis de tierra batida de Roland Garros antes de entrar en el Bois de Boulogne en el kilómetro 36. Los últimos 6 kilómetros del recorrido atraviesan ese bosque, casi sin público. Ello hace que el sprint final de 200 metros por la avenida Foch resulte más espectacular, y el andamiaje de la meta se convierta en tu Arco de Triunfo particular.

Derecha: París atrae, con razón, a miles de personas a su maratón, que discurre por los principales puntos de interés.

Abajo: No se registran marcas rápidas en esta maratón algo engañosa, y el suelo adoquinado supone un reto añadido para los corredores.

DATOS DE LA CARRERA

CUÁNDO: Marzo
INSCRIPCIÓN: Hasta enero del mismo año
Nº DE PARTICIPANTES: 18.000
NIVEL DE DIFICULTAD: 5/10
CONSIDERACIONES ESPECIALES:
Condiciones climáticas benignas en esta época del año, baja humedad, algo montañoso al inicio y al final. Buen ambiente festivo.

CONTACTO:
Marató de Barcelona
Gran Via 8-10, 6ª planta
08902 L'Hospitalet de Llobregat
Barcelona, España
☎ +34 902 43 17 63
✉ info@maratobarcelona.es
🖥 www.maratobarcelona.com

Maratón de Barcelona | España

Ser la sede de los Juegos Olímpicos de 1992 ha otorgado a Barcelona un estatus duradero de ciudad deportiva internacional. Los Juegos, y su legado, trajeron consigo una fiebre constructora de instalaciones deportivas, y una conciencia de cómo, con energía positiva, puede renovarse el espíritu de una ciudad y su aptitud deportiva. Su reciente organización del Campeonato Europeo de Atletismo también ha contribuido a mejorar aún más sus infraestructuras, y ha hecho de Barcelona un escenario excelente para correr la maratón.

La Maratón de Barcelona se organizó por primera vez en 1978, de un modo que se ha convertido en modelo habitual: un español que había participado en la de Nueva York quedó tan impresionado que regresó a su ciudad dispuesto a crear una equivalente. En la edición inaugural el recorrido se estableció por fuera de la ciudad para no alterar su actividad normal, pero aun así atrajo a 1.050 corredores, cifra que se multiplicó por dos al año siguiente. La carrera se adaptó para su edición de 1980, y en esa ocasión, su recorrido urbano atrajo mucha mayor atención. El evento impresionó al futuro alcalde Pasqual Maragall que, a la luz de aquel éxito, decidió postular la candidatura olímpica.

En la década de 1980, Barcelona realizó algunas innovaciones en su maratón que se han convertido en parte del estándar moderno. En 1983 fueron los primeros en introducir las pruebas de dopaje, y de los primeros en usar un vehículo eléctrico para abrir la carrera. Aun así, el número de inscritos aumentó lentamente hasta el año olímpico, en que 6.000 participantes completaron el trazado que, meses después, se usaría en la maratón olímpica.

Tras los Juegos, la *Marató*, que no la ciudad, regresó a su nivel anterior. Las tensiones entre el club organizador y las autoridades locales condujeron finalmente a la cancelación de la carrera en 2005. En 2006 se solicitó a los encargados del Tour de Francia que organizaran la siguiente edición, que se corrió enteramente en la ciudad. Desde ese año, las inscripciones han aumentado significativamente, y ya superaron las 18.000. Los corredores extranjeros suman una proporción significativa.

UNA VEZ ALLÍ

Muchos acuden a ver la **obra arquitectónica de Antoni Gaudí**, aunque pocos van más allá del **Parque Güell**. Ahí es donde vivía el artista, y es un país de las maravillas en el que pueden admirarse sus mosaicos más ambiciosos y algunas de sus fantasías arquitectónicas. El parque constituye una alternativa refrescante a **la Rambla**, que se ha convertido más en una trampa para turistas que en un lugar donde conocer la Barcelona real. En el parque se suceden las esculturas de cuento de hadas y las grandes escalinatas. Hay un museo sobre la vida del hombre que se ha convertido en sinónimo de la capital catalana. Acércate también a la ciudad de **Gerona** y sus alrededores.

Izquierda: Preciosa carrera con muchos monumentos en su recorrido, además del mar Mediterráneo.

La *Marató* es un vehículo adecuado a través del cual los visitantes pueden apreciar las vistas y los sonidos de la vida urbana que han convertido a Barcelona en uno de los destinos europeos preferidos. Tras su inicio en la Plaça Espanya, los corredores pasan por el barrio del Eixample y cerca del Camp Nou, el estadio del Barcelona Futbol Club. También dejan atrás la Torre Agbar, el Port Olímpic y recorren la vía urbana más famosa de la ciudad, la Rambla. La asombrosa arquitectura de Antoni Gaudí aparece intermitentemente a lo largo del recorrido. La monumental basílica de la Sagrada Familia, así como algunos edificios de viviendas de menor tamaño, animan el trazado y le proporcionan una extraña grandeza.

La cultura artesana de Barcelona se muestra en 24 puntos distintos de la carrera, donde la música, el arte y la artesanía crean un ambiente festivo mientras se celebra la competición.

Derecha: La Sagrada Familia de Gaudí es uno de los hitos de la carrera.

Abajo: La Pedrera, un edificio residencial con fachada ondulante de piedra, ha sido declarada Patrimonio de la Humanidad por la Unesco.

Maratón de Londres | Reino Unido

Como otros muchos inventos británicos, la Maratón de Londres se concibió en un pub, frente a una pinta de cerveza. Los atletas y fundadores Chris Brasher y John Disley la idearon tras visitar la de Nueva York en 1979. El ambiente festivo y un recorrido que uniera los distintos puntos característicos de una de las más grandes ciudades del mundo habrían de ser los ingredientes esenciales. A partir de 1981, año de la primera edición, en la que participaron 7.000 personas, la cifra se duplicó con creces un año después, llegando a las 16.000 y superando al evento de Nueva York que se proponía emular. Desde entonces, la cifra no ha dejado de crecer hasta alcanzar las 35.000.

En la década de 1970, las carreras de larga distancia eran ejercicios solitarios. A los corredores se los confinaba normalmente a paisajes campestres, y las vacas eran sus únicas espectadoras. El proyecto de la Maratón de Londres perseguía unir a aquellos atletas solitarios y llevarlos a participar en un espectáculo de celebración como el de Nueva York, al que Chris Brasher se había referido como «la carrera más humana». Según explicaba, lo que había visto allí demostraba que «la raza humana puede ser una única familia feliz, trabajando unida, riendo unida y consiguiendo lo imposible». Disley y él se empeñaron en conseguir aquel «imposible» en Londres.

UNA VEZ ALLÍ

Date un capricho cargado de hidratos de carbono y prueba un **fish and chips** tradicional, británico. Uno de los favoritos lo sirven en Poppies, cerca del mercado de Spitalfields. El local está decorado al estilo de la década de 1950, y se anima los domingos por la noche.

Para conocer los monumentos, una de las mejores maneras de ver Londres es montarse en una de las barcas rápidas Clipper con parada en numerosas atracciones importantes, desde **Richmond** hasta el **Big Ben**, así como el punto de salida de la maratón, que no es otro que el **centro marítimo de Greenwich**. Con un pase de un día podrás subirte y bajarte tantas veces como quieras. Ver: thamesclippers.com, y thamesflyer.com

Izquierda: La carrera de sillas de ruedas de la Maratón de Londres atrae a los mejores corredores del mundo.

Derecha: La Maratón de Londres exhibe un ambiente extraordinario, pues miles de personas salen a la calle a recaudar dinero para obras benéficas de todo tipo.

DATOS DE LA CARRERA

CUÁNDO: Abril
INSCRIPCIÓN: Con un año de antelación
Nº DE PARTICIPANTES: 35.000
NIVEL DE DIFICULTAD: 5/10
CONSIDERACIONES ESPECIALES: La línea de salida, en Greenwich, no es una zona de fácil acceso, por lo que conviene salir con tiempo. La carrera puede resultar estrecha en algunos puntos, a causa de la multitud.

CONTACTO:
Virgin London Marathon
PO Box 3460,
Londres
SE1 OYA
☎ +44 (0)20 7902 0200
✉ www.london-marathon.co.uk

La carrera ha mantenido prácticamente idéntico el trazado, que se inicia en los jardines ornamentales de Greenwich, exponentes de la grandeza del siglo XVII y escenario de varios actos de los Juegos Olímpicos de 2012, antes de descender hasta el río Támesis a la altura de Woolich y remontarlo hasta Tower Bridge. Esa característica estructura victoriana queda prácticamente en el ecuador de la carrera, y actúa como la puerta del resto de la maratón, una vez que los participantes regresan río abajo en dirección al Canary Wharf, centro financiero donde se alzan muchos de los edificios más altos de la ciudad. El trazado devuelve a los corredores de nuevo a Tower Bridge y la Torre de Londres, y prosigue hasta Embankment, pasando frente a la Aguja de Cleopatra, y llegando al Big Ben, desde donde ya queda menos de un kilómetro y medio por recorrer. La línea de meta se encuentra 200 metros después del palacio de Buckingham.

Como la demanda para inscribirse es tan alta, una manera de asegurarse una plaza es recaudar fondos para alguna organización sin ánimo de lucro que garantice la inscripción. Ello ha generado grandes sumas de dinero (se estima que unos 50 millones de libras esterlinas —80 millones de dólares— anuales). El ambiente que se crea es único, pues se seduce a los espectadores para que entreguen sus donativos, y los participantes se esfuerzan todo lo que pueden (algunos se visten con disfraces grotescos).

Arriba: La demanda para inscribirse en la Maratón de Londres es tal que uno puede tardar hasta seis años en conseguir plaza. Correr en representación de alguna organización benéfica puede ser otra manera de conseguir entrar.

Maratón del Lago Ness | Escocia, Reino Unido

El logotipo de la Maratón del Lago Ness, un cordón sinuoso que serpentea entrando y saliendo de los ojales de una zapatilla deportiva, es digno del famoso monstruo que representa. Será lo más cerca que estarás de Nessie, y los organizadores no intentan vendernos la idea contraria. Aun así, el lago Ness tiene otros atractivos más tangibles.

Inverness está bastante al norte en tierras escocesas, aunque su aeropuerto cuenta con buenas conexiones con la mayoría de destinos británicos. Tal vez, precisamente, a causa de su posición tan septentrional, la ciudad dedica una cálida acogida al visitante. Ello se traduce, en parte, en el whisky, por el que la zona es tan conocida como lo es por su huidizo monstruo. Sin embargo, para los corredores, la impresión más inmediata es la que les aporta el sereno paisaje. Inverness es una mezcla imponente de construcciones de ladrillo gris y modernos bloques de oficinas, pero ahí es donde termina la carrera: la maratón, que es lineal, se inicia en un tramo de carretera austero y desprovisto de todo adorno, al que los inscritos llegan en autocar la mañana de la competición, que adopta el aspecto de un viejo encuentro de clanes ataviados con prendas de licra.

En contraste con la serenidad de los tranquilos valles de hoy, las luchas entre clanes dominaban la vida aquí hace 300 años. Inverness fue saqueada siete veces, y las fuerzas de Bonnie Prince Charlie fueron derrotadas en Culloden Field, en la última batalla con derramamiento de sangre que se ha librado en suelo británico. Actualmente puede conocerse más sobre el escenario de la famosa batalla en el Centro de Visitantes de Culloden Moor. La maratón es un evento menos sangriento, pero podría decirse que la ambición por la victoria es la misma.

A medida que la luz del amanecer se extiende sobre el lugar, tal vez pueda sentirse algo del espíritu del pasado, pero los preparativos para la carrera dejan poco tiempo para distracciones. Los sonidos de gaitas y tambores conducen a los participantes hasta la línea de salida pero, una vez en la carretera, es muy probable que el único tráfico que encuentres sea el de otros corredores, alguna ardilla roja, ciervos y águilas. La carrera empieza cruzando tierras de labranza, y pasa por carreteras secundarias antes de dirigirse a la orilla del lago.

UNA VEZ ALLÍ

No tendrás tiempo de captar toda la belleza del **Lago Ness** durante la maratón. Recórrelo en barca y haz parada en el **Castillo de Urquhart**. El edificio ofrece un imponente fondo en este extremo del lago. Algo más allá llegarás a la zona de las **destilerías de whisky**, que pueden recorrerse en excursiones organizadas. Muchas de ellas ofrecen catas gratuitas. La cercana localidad de **Inverness** es un lugar fantástico para dar un paseo de tarde. Ver: visitscotland.com, y www.spiritofspeyside.com

DATOS DE LA CARRERA

CUÁNDO: Octubre
INSCRIPCIÓN: Hasta julio del mismo año
N° DE PARTICIPANTES: 8.500
NIVEL DE DIFICULTAD: 5/10
CONSIDERACIONES ESPECIALES: La carrera tiene lugar en una de las regiones montañosas de Escocia, por lo que conviene ir preparado para fuertes pendientes. A causa de la naturaleza del trazado, hay pocos espectadores.

CONTACTO:
Loch Ness Marathon
PO Box 26
Muir of Ord
IV6 7WZ
Reino Unido
☎ +44 844 875 1411
✉ info@lochnessmarathon.com
🖥 www.lochnessmarathon.com

El recorrido es descendente de principio a fin, aunque hay también algunos tramos en subida. Los primeros 10 kilómetros son suaves, y discurren entre bosques, con vistas panorámicas del lago que se divisa intermitentemente. El trayecto está salpicado de pueblos y espectadores, que ofrecen refrescos a los participantes cansados.

Después de cruzar el puente del río Ness, y de que los participantes giren para alinearse con el curso de agua, es probable que sientan que la maratón toca a su fin. Baxter Foods, patrocinador del evento desde hace mucho tiempo, les ofrece una contundente comida escocesa para reponer fuerzas, una vez que éstos llegan a la meta, situada en el estadio de la ciudad.

Entre el paisaje natural, el aire puro y el calor de la hospitalidad local, no sorprende que este rincón relativamente apartado de las Islas Británicas agote todas las plazas disponibles, y que lleguen corredores de 30 países. Más allá de la competición, el área del lago Ness es una de las más ricas de Europa en patrimonio natural, donde abundan las aves, el ciervo rojo y la humilde cabra.

Maratón del Sáhara | Argelia

Para correr a través de un territorio tan hostil como el Sáhara se requiere cierta determinación, una determinación que resulta insignificante comparada con lo que supone crear un evento de estas características. La carrera se concibió como una iniciativa para despertar conciencias sobre las condiciones de vida en el Sáhara Occidental. Los participantes en la maratón las descubren fácilmente: se destinan varios días a vivir en los campos de refugiados, en los hogares de los saharauis desplazados, para descubrir su cultura.

DATOS DE LA CARRERA

CUÁNDO: Octubre
INSCRIPCIÓN: Preparativos e inscripciones deben hacerse con un año de antelación.
N° DE PARTICIPANTES: 400
NIVEL DE DIFICULTAD: 9/10
CONSIDERACIONES ESPECIALES:
Correr por el desierto puede ser difícil, pero hay muchas estaciones de suministro de agua, y el apoyo del público es extraordinario en los puntos de parada situados en los campamentos.

CONTACTO:
☎
✉ rmdurli@saharawi.org
🖥 www.saharamarathon.org (la página incluye contactos para los distintos países)

UNA VEZ ALLÍ

La carrera se organiza cerca de la ciudad de **Tinduf**, que bien merece una exploración por los rostros sonrientes de sus gentes, sus camellos y sus edificios encalados. El desierto es un buen lugar para tomar fotografías y para dedicarse a un pasatiempo algo más aventurado, que es **recorrerlo en jeep**. Sin embargo, conviene advertir que es imprescindible ir siempre con un guía de confianza, pues las minas terrestres suponen una amenaza. Además, también entraña riesgos pasar mucho tiempo en el desierto. Muchos corredores de la maratón se alojan **en los campos**, con los amigos que han hecho allí mismo, una vez que la carrera ya ha terminado.

Tras la muerte del general Franco en 1975 y la súbita retirada española del territorio antes conocido como Sáhara Occidental, se inició una lucha entre el pueblo saharaui y los estados vecinos de Mauritania y Marruecos. Durante años se libró una guerra de guerrillas, pero finalmente 80.000 saharauis fueron conducidos a cuatro campos de refugiados situados al otro lado de la frontera, en el desierto argelino, cerca de Tinduf. En tres decenios de privaciones, enfermedades y condiciones extremadamente hostiles, los refugiados crearon la República Árabe Saharaui Democrática (RASD) y desarrollaron un sistema gubernamental altamente estructurado en los campos para gestionar los escasos recursos. Todo ello lo lograron con muy poco apoyo de los gobiernos occidentales, pero uno de los grupos que sí les ayudó fue la US Western Sahara Foundation. Jeb Carney, miembro de la junta de la fundación y corredor de maratones, llevó una delegación a los campos en 1999. La idea de organizar una maratón cuyo trazado uniera los distintos asentamientos se desarrolló como medio para dar a conocer las penalidades de los saharauis y sus esfuerzos por construir una sociedad civil.

Página anterior: La arena compactada es una buena superficie sobre la que correr. Sólo cuando el viento la levanta supone una dificultad real.

Arriba: La Maratón del Sáhara exige, por parte de los corredores, una participación mayor que otras. Los 500 inscritos se alojan como invitados en las tiendas del pueblo saharaui durante una semana.

Derecha arriba: Tras la maratón se organiza una carrera para niños.

Derecha: Se trata de una carrera por el desierto en la que las condiciones pueden ser extremas.

La idea básica era sencilla y, gracias a la voluntad de los saharauis, se llevó a cabo de manera inmediata. Se trazó una ruta usando mojones, o montículos de piedras, para guiar a los corredores a través del desierto abierto entre los tres campos de refugiados de El Aiún, El Aoserd y Smara, que reciben sus nombres de tres asentamientos equivalentes situados en el Sáhara Occidental. La primera edición de la maratón se celebró el 26 de febrero de 2001, coincidiendo con el 25 aniversario de la fundación de la RASD.

Durante los primeros dos años la Maratón del Sáhara trajo a 900 corredores de 30 países, en vuelos chárter, que pudieron conocer un poco mejor la vida en el desierto. Durante su estancia, los inscritos se alojan con familias, viven en sus tiendas y comen con ellos, experimentan la vida y las duras condiciones de los campos. Es una ocasión única para compartir parte de su vida con ellos, para aprender sobre ellos y para establecer vínculos que, en muchos casos, duran años. Algunos participantes regresan en todas las ediciones para correr y reencontrarse con sus familias de acogida y sus amigos.

Maratón de Reikiavik | Islandia

Islandia, cuyo nombre es una transcripción de otro que significa «Tierra de Hielo», dista mucho de ser el lugar temible que ese significado podría dar a entender. El verano islandés es corto, pero ofrece un tiempo relativamente benigno, de brisas suaves. Ello, junto con unas carreteras a menudo planas y una población escasa, convierten a la isla en un escenario casi idílico para las carreras de larga distancia.

Igual que la ciudad misma, la Maratón de Reikiavik hace honor a su reputación de íntima y nada pretenciosa. La capital suele describirse como una ciudad cosmopolita metida dentro de un pueblo de pescadores. En la primera edición de la carrera sólo se inscribieron 214 personas, pero eso es algo que diferencia al país de todos los demás: aquí la vida se vive a una escala menor (y, seguramente, más cómoda). Lo mismo puede decirse de su maratón. La población de Islandia es sólo de 320.000 personas, por lo que cualquier cosa que atraiga a visitantes extranjeros suele contar con el apoyo de los islandeses. A su manera callada, son un pueblo acogedor.

El punto central en el que se desarrolla la maratón, y la media maratón que se corre simultáneamente, es un lago pintoresco llamado Tjörnin, contiguo al centro de la ciudad, y frente al que se sitúa el ayuntamiento de Reikiavik. Este lugar idílico es refugio de aves, y está flanqueado por las típicas casas de madera que caracterizan la arquitectura doméstica islandesa. La carrera empieza y acaba en ese punto, pero se desarrolla por un mundo bastante alejado de él.

Los participantes abandonan el centro casi inmediatamente después de abandonar la línea de salida, y avanzan por los alrededores residenciales en dirección al camino que bordea la península costera. La imponente mole arbolada del Monte Esja domina el paisaje desde la otra orilla de la bahía, coronada aún por restos de nieve. Los corredores regresan hacia el centro de la ciudad por un camino que bordea una playa de aguas que se mantienen calientes geotérmicamente, otra de las maravillas naturales de Islandia.

El entorno natural complementa maravillosamente la experiencia deportiva en el país. Reikiavik significa «bahía de humo», aunque

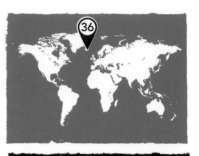

UNA VEZ ALLÍ

Los **muelles pesqueros** son los lugares ideales para comer el pescado más fresco. Cerca de la capital hay gran cantidad de **manantiales termales naturales**, de los que brota agua calentada por las rocas térmicas subterráneas, un magnífico antídoto para los dolores y las molestias resultantes de la dura carrera. El más famoso y accesible desde la capital es el conocido como **«Lago Azul»**. Sus manantiales son de agua salada que surge de las profundidades de la tierra y que, en su ascenso, captura minerales. El resultado es un agua de baño a 37 °C famosa por sus poderes curativos. Ver: bluelagoon.com

Derecha: Los participantes en la maratón y la media maratón parten simultáneamente y siguen el mismo trazado, pero éstos se desvían al llegar al kilómetro 19.

éste, y la contaminación, brillan por su ausencia. El antiguo nombre vikingo hace referencia al vapor geotérmico que misteriosamente surge de la tierra. A pesar de ello, la calidad del aire es la mejor de Europa, por lo que los maratonianos respiran sin problemas. También pueden disfrutar de un baño largo y relajante tras la carrera en una de las numerosas piscinas geotérmicas de Islandia. Una de ellas, el «Lago Azul», se encuentra en ruta hacia el Aeropuerto Internacional de Keflavik.

Llegar a Islandia es una aventura en sí misma, incluso si no participas en la Maratón. Inscritos de Europa, Norteamérica y otros lugares más lejanos han ahorrado dinero, recaudado fondos para organizaciones benéficas, y se han entrenado duro para estar ahí. Y se nota que todo ese esfuerzo da energía y entusiasma a la multitud en el momento en que suena el pistoletazo de salida.

Una razón por la que la Maratón de Reikiavik se ha convertido en un evento tan importante es que coincide con la «Noche de la Cultura», que se creó para celebrar las mejores tradiciones islandesas, entre ellas música y otras artes, además de sesiones gourmet de cata de carnes de tiburón-ballena. El programa de actos presenta cuartetos de cuerda, exposiciones artísticas y teatro, mientras que los asistentes son una potente mezcla de grafiteros y personas con vestimenta rockera. La fiesta posterior a la maratón concluye con unos gigantescos fuegos artificiales, que indican que ya es hora de trasladarse a las discotecas y bares de la ciudad. Todavía eufóricos por su participación en la carrera, los corredores se zambullen en una fiesta que dura toda la noche.

DATOS DE LA CARRERA

CUÁNDO: Mediados de agosto
INSCRIPCIÓN: De junio a mayo del mismo año
Nº DE PARTICIPANTES: 10.000
NIVEL DE DIFICULTAD: 6/10
CONSIDERACIONES ESPECIALES: Islandia es conocida por la buena calidad de su aire. Su población es de las menores del mundo, por lo que, si vas en busca de grandes aglomeraciones, este no es tu destino.

CONTACTO:
Engjavegir 6
104 Reikiavík
Islandia
☎ +354 535 3700 y 535 3702
✉ marathon@marathon.is
🖥 www.marathon.is

DATOS DE LA CARRERA

CUÁNDO: Julio
INSCRIPCIÓN: Enero
Nº DE PARTICIPANTES: 4.000
NIVEL DE DIFICULTAD: 6/10
CONSIDERACIONES ESPECIALES:
Carrera plana, por lo que no cabe esperar
grandes desafíos, aunque el tráfico puede
intimidar a algunos.

CONTACTO:
Rua Felix Pacheco 150 Bldg C Apt. 102
Leblon 22450 080, Brasil
☎ +21 22 23 2273
✉ maratonadorio@maratonadorio.com.br
🖥 www.maratonadorio.com.br

Maratón de Río de Janeiro | Brasil

La Maratón de Río de Janeiro sigue un trazado de punta a punta que se inicia en el extremo occidental de la ciudad, en Recreio dos Bandeirantes, una zona de expansión urbana entre la playa y unas marismas interiores. Los corredores siguen en todo momento por la costa hasta que llegan al centro. Los inscritos en la media maratón inician el recorrido más cerca de la ciudad, en São Conrado. Tras ese punto, todos se encuentran con una ascensión sostenida, pues la calle sube por un promontorio rocoso, por el Paseo de Oscar Niemayer. A la derecha queda el azul resplandeciente del Océano Atlántico, mientras que un acantilado cubierto de vegetación se alza al otro lado. Tras rodear el promontorio la carretera vuelve a descender a nivel de playa, transcurridos ya unos 25 kilómetros de la carrera, y ésta discurre por las playas mismas. La vida brasileña está por todas partes.

Los brasileños usan sus playas como la gente de otros lugares usaría un parque, y acuden a ellas a jugar al ajedrez, el fútbol o el voleibol, a conversar y a encontrarse con amigos; a cualquier cosa, no sólo a tomar el sol. Cada playa posee su carácter diferenciado —Leblon es acomodada, Ipanema es moderna, Copacabana, popular.

Brasil es un país en que el espíritu de participación resulta contagioso: los patinadores más aguerridos, ciclistas y peatones intentarán unirse a la maratón. Para evitar que se impliquen demasiado, una flotilla de coches y bicicletas de seguridad abren paso y los ahuyentan haciendo sonar sus sirenas, y despejan el camino a los que encabezan la carrera. Ello ocurre dos veces seguidas, pues las carreras brasileñas suelen organizar una salida separada para las mujeres más rápidas, por delante del pelotón general, para que éstas puedan concentrarse en la competición.

Desde el momento en que los inscritos llegan a Leblon, el camino vuelve a ser plano, y la carrera se hace más fácil. Tras las playas, la ruta se dirige al interior, y a través de un túnel llega a la bahía de Botafogo. Sin playa contigua, el número de espectadores disminuye claramente, y los corredores avanzan bajo la sombra del Pan de Azúcar, en dirección a la playa de Flamengo. Los maratonianos siguen por la vía rápida, en el lado interior del parque marítimo, y al llegar al final giran y retroceden hasta la línea de meta. El camino hasta ahí ha sido muy largo, e incluso en ese día de pleno invierno, a mediados de julio, es probable que haga calor. Pero no importa, la playa siempre está cerca.

UNA VEZ ALLÍ

Hay pocas maneras mejores de empaparse en la vida **carioca** que ir a la playa a pasar la tarde: allí es donde los brasileños se relacionan socialmente. Las más modernas son las de **Leblon** e **Ipanema**, y no tanto la de **Copacabana**. La estatua de **Cristo Redentor** es visita obligada, como lo es la **montaña del Pan de Azúcar**. Si te apetece comer bien después de la maratón, dirígete a alguna **churrascaría** (asador), como Porção Rio (www.porcao.com.br), donde te llenarán el plato de pedazos del mejor filete recién cortado. También cuentan con un magnífico bufet de ensaladas, repleto de verduras y frutas frescas. Si dispones de una semana, o más, pasa algún día en **Búzios**, un lugar apartado con 30 playas donde escoger.

Izquierda: El paisaje, espectacular, pone un soberbio telón de fondo al esfuerzo físico de los corredores.

Maratón de Barbados | Barbados

«*Come for the run, stay for the fun*» [Ven a correr y quédate por placer], es la invitación creada por la Autoridad del Turismo de Barbados para atraer a los corredores a participar en la maratón de esta hospitalaria isla caribeña. Tal vez la atracción de las fiestas en la playa y el calipso estén siempre presentes, pero la Barbados Race Series ha acogido a más de un atleta serio, incluidos medallistas olímpicos, desde su primera edición de 1983.

El sol suele ser lo que atrae a los visitantes al país, pero cuando se trata de correr, se hace todo lo posible por evitarlo. La carrera empieza a las 4.30 de la madrugada, el sol sale a las 5.40, y en menos de una hora el calor ya ha hecho acto de presencia. Aunque las temperaturas a mediodía no suelen superar los 30 °C, el sol que cae a pico pasa factura.

La línea de salida se sitúa en Bay Street Esplanade, frente a las oficinas del Primer Ministro, en la zona sur de Bridgetown. Correr a oscuras, antes del amanecer, a través de las calles desiertas de Bridgetown tiene algo de fantasmagórico. Incluso al dejar atrás el puerto y dirigirse hacia el norte por la autopista de Spring Garden, junto a la playa, a 5 kilómetros, los únicos sonidos audibles son la respiración y los pasos de los demás corredores (a menos, claro está, que vayas tan adelantado que puedas oír las voces graves de los altavoces del vehículo de apoyo que acompaña al pelotón de cabeza). La carrera nunca se aleja mucho de la línea de la costa, por lo que en conjunto resulta bastante plana. Sin embargo, en un par de puntos —alrededor de la refinería de Esso, situada a 6 kilómetros (y que supone un marcado contraste con el resto del paisaje), y también en las inmediaciones del lujoso Sandy Lane Hotel, situado a 11 kilómetros—, el trazado se desvía tierra adentro y asciende suavemente antes de regresar al nivel del mar y a sus playas de arenas blancas bordeadas de palmeras.

La sensación de lejanía sólo disminuye tras alcanzar las zonas residenciales, en las que mujeres con camisón que se han levantado temprano para dejar la comida lista antes de ir a misa, aparecen en las puertas de sus casas a comentar lo que ven y, si hace, falta, a ofrecer vasos de agua. La brisa de la mañana trae tañidos de campanas de las iglesias vecinas en el ascenso por la costa oeste, y su canto anima a los participantes ya fatigados. Las vistas son variadas —a veces se divisa el mar al final de una porción de arena

UNA VEZ ALLÍ

Si llegas a cansarte de las playas y quieres hacer algo distinto, el **parque nacional de Farley Hill** está formado por hectáreas de bosque tropical y plantas situadas en un acantilado que se eleva 75 metros sobre el nivel del mar y desde el que hay vistas a todo el distrito de Scotland. Ningún viaje a Barbados está completo sin una visita a alguna destilería de ron. **Mount Gay** ofrece uno de las mejores, y organiza visitas guiadas a su destilería.
Ver: www.barbados.org.

Arriba derecha: En la maratón participa poca gente, por lo que hace falta mucha motivación para seguir corriendo en lo que puede parecer una carretera solitaria.

Derecha: Simultáneamente a la maratón se organizan otras carreras de tipo lúdico, entre ellas la de 5 kilómetros, la de 10 kilómetros, así como la media maratón en silla de ruedas.

blanca, a veces se pasa junto a comercios y casas escoltadas por plátanos, árboles del pan, buganvillas y arbustos de mil colores que surgen en el más mínimo pedazo de tierra. Tras dejar atrás el diminuto mercado del pescado de Paynes Bay, los participantes de la media maratón dan media vuelta y los de la maratón prosiguen, más allá de Sandy Lane, hasta Holetown, donde los colonos tocaron tierra en 1627 y que en la actualidad es principal centro turístico de la protegida costa este. Todavía faltan 6 kilómetros para llegar a Speighstown, que fue fundado como puesto comercial en 1630, y uno más para dar media vuelta e iniciar el regreso a Bridgetown. Ese es uno de los puntos del recorrido en los que las cálidas aguas del Caribe más cerca están de los pies de los corredores. El mar vuelve a hacerse presente en el viaje de vuelta, en Mullins, en Paynes Bay y a lo largo de la autopista de Spring Garden porque ya es de día, hace calor, y los maratonianos ansían sentir su refrescante abrazo.

Hay un tramo duro al paso por el puerto y la ciudad, antes de cruzar el Puente de la Independencia y llegar a Bay Street, que resigue la bahía de Carlisle, ya en Bridgetown, en forma de abanico abierto. Casi al final aparece la Esplanade, y los corredores cruzan la línea de meta, rodean el estrado y se sumergen en las acogedoras aguas.

DATOS DE LA CARRERA

CUÁNDO: Diciembre
INSCRIPCIÓN: Hasta octubre del mismo año
N° DE PARTICIPANTES: 700
NIVEL DE DIFICULTAD: 7/10
CONSIDERACIONES ESPECIALES:
Empieza muy temprano, pero aun así conviene ir preparado para el calor y la humedad. Ve con mentalidad abierta: no está tan organizada como muchas otras.

CONTACTO:
Barbados Tourism Authority
PO Box 246 Harbour Road
Bridgetown, Barbados
☎ +246 467 3660
✉ angelaw@visitbarbados.org
🖥 www.runbarbados.org

Maratón de Boston | Estados Unidos

La Maratón de Boston es la maratón anual más antigua del mundo, y se ha organizado sin interrupción desde 1897, un año después de que se inauguraran los Juegos Olímpicos de la era moderna, para los que se «resucitó» esta carrera de larga distancia. Aquel año sólo corrieron 18 personas. En la edición del centenario de 1996 los participantes fueron 35.000. Fue el primer año con una cifra tan elevada de asistentes. De hecho, en aquella ocasión no se exigió un tiempo mínimo para aceptar a los inscritos. Por lo general, para poder participar en ella, los corredores deben haber completado alguna maratón certificada en un tiempo especificado (rápido), en función de su edad. El mínimo para clasificarse es lo bastante alto como para que la «Clasificación de Boston» —conocida también como BQ, por sus iniciales en inglés— sea en sí misma todo un logro.

En la Maratón de Boston, durante muchos años, se corrió una distancia menor que la de la carrera estandarizada. En 1907, la línea de salida se trasladó de Ashland a Hopkinton, pero el recorrido siguió sin superar los 39 kilómetros hasta 1924, e incluso entre 1951 y 1956 fue sólo de 40,5 kilómetros. El trazado lleva hacia el este, en suave pendiente descendente, durante la primera mitad, pero después la bajada es más pronunciada hasta llegar a las famosas Newtown Hills, entre las que se encuentra el monte conocido como «heartbreak hill» [monte rompecorazones]. En contra de lo que podría pensarse, el lugar no recibe ese nombre por los corazones destrozados de los maratonianos, a los que todavía queda una pendiente más por subir, sino que tiene su origen en la propia Maratón de Boston. Según se cuenta, John A. Kelley, el campeón que defendía el título en 1936, dio alcance al líder de la carrera, Ellison Brown, alias Tarzán, y le dio una palmadita de consolación en el hombro al adelantarlo. Ese gesto de prepotencia, al parecer, envalentonó a Tarzán, que se sobrepuso, lo adelantó y ganó la carrera. En palabras de un periodista local, la amarga derrota de Kelley le «rompió el corazón».

A partir de ahí, la carrera vuelve a descender hasta la meta, situada en el centro de Boston. En total, el desnivel es de 135 metros desde el inicio hasta el final, es decir, de 3,3 metros por cada kilómetro de recorrido. Esa ventaja gravitacional para los corredores se ve aumentada, a veces, por un viento a favor. Así

UNA VEZ ALLÍ

Sede de una de las universidades más famosas del Nuevo Mundo, **Harvard se encuentra en la orilla opuesta del río** a la que acoge la maratón, y bien merece una visita. No se trata sólo de un semillero de talentos académicos, sino también de un lugar fantástico para encontrar tiendas de discos independientes. **Newbury Street** ofrece algunas de las mejores boutiques de Estados Unidos. Sin salir de la zona intelectual, visita la **Biblioteca JFK**, y cómete el famoso roll de langosta de Boston en **James Hook**. Ver: bostonusa.com

Derecha: La Maratón de Boston tiene lugar a mediados de abril, el Día del Patriota.

DATOS DE LA CARRERA

CUÁNDO: Abril
INSCRIPCIÓN: Inscripción abierta durante
un tiempo limitado en el mes de septiembre
anterior a la carrera
N° DE PARTICIPANTES: 35.000
NIVEL DE DIFICULTAD: 6/10
CONSIDERACIONES ESPECIALES:
Colinas incómodas, pero ambiente muy
cálido. Debes clasificarte para poder
participar. El público anima mucho, y los
otros participantes también.

CONTACTO:
Boston Athletic Association
40 Trinity Place
4th Floor Boston
MA02116, Estados Unidos
☎ +1 617 236 1652
✉ info@baa.org
🖥 www.baa.org/races/boston-marathon.
aspx

sucedió en 1994, cuando ganó Cosmas Ndeti, y así volvió a ocurrir en 2011, cuando un fuerte viento de cola ayudó a catapultar a Geoffrey Mutai al mejor tiempo conseguido jamás en una maratón: 2:03:02. Esa marca no puede reconocerse como récord (de hecho, no puede serlo ninguna de las que se registran en Boston), precisamente por las ventajas que aportan la pendiente y la dirección del viento.

En la mayoría de ediciones, Boston no ha dado unos tiempos especialmente rápidos, en parte, tal vez, porque el ritmo general que marca el correr en bajada durante los primeros 25 kilómetros se ve contrarrestado por el siguiente tramo en subida. En otras ocasiones, la meteorología adversa, que va de frío y lluvia a un calor abrasador, constituye un factor que puede afectar significativamente los tiempos. Lo que sí ha dado la carrera es una serie de duelos competitivos muy emocionantes, como el de Bill Rodgers contra Jeff Wells en 1978, y el de Alberto Salazar contra Dick Beardsley, en 1982. La edición de 2013 se vio sacudida por un acto terrorista, cerca de Copley Square, que costó la vida a tres personas e hirió a más de doscientas.

Abajo: Todo el que participa en la Maratón de Boston debe haberse clasificado corriendo alguna otra maratón en un buen tiempo.

Maratón de Nueva York | Estados Unidos

Como ocurre con todo en la Gran Manzana, esta carrera se organiza a una escala monumental. Se trata de la mayor maratón del mundo, en la que participan hasta 45.000 personas.

Nueva York acogió la primera maratón del Hemisferio Norte, en septiembre de 1896, poco después de los juegos olímpicos de Atenas pero, a diferencia de la de Boston, que tuvo lugar pocos meses después, no sobrevivió. La ciudad reinstauró la carrera en 1970. Fred Lewob, originario de la Transilvania rumana, trabajaba en la industria de la confección cuando organizó una maratón de cuatro vueltas sin salir de Central Park. Se trató de un acto modesto en el que cada participante pagó un dólar por participar. Sólo 55 de los 127 inscritos acabaron la carrera.

Hasta 1976, coincidiendo con el Bicentenario, las cosas no despegaron, pero en ese año la maratón de Nueva York se reinventó y se convirtió en modelo para todas las demás maratones populares. Todo empezó con una idea de Ted Corbitt, un conocido atleta local, que sugirió que se invitara a equipos de los cinco distritos de la ciudad para que compitieran en la carrera. Por algún motivo, el ayuntamiento interpretó que se trataba de crear un trazado que cubriera toda la ciudad, los cinco distritos, y se apuntó a la idea. En un principio, Lebow se opuso a ello, más consciente que los mandamases de la ciudad de los problemas logísticos que entrañaba.

UNA VEZ ALLÍ

En Nueva York, las opciones para realizar visitas organizadas parecen infinitas. Apúntate al **tour de las pizzas en Brooklyn;** o al de los **escenarios de los gángsters en Nueva York;** o al de las **localizaciones de películas;** o al del **hip-hop por Harlem;** o incluso a uno más macabro, que recorre lugares en los que han muerto personajes famosos. También existen numerosas opciones de transporte: caminar, ir en bicicleta, en metro, o montarse en los omnipresentes taxis amarillos. Para los ataques de hambre de después de las carreras, uno de los locales preferidos de los neoyorquinos es **Shake Shack**, que tiene muchas sucursales por toda la ciudad, una de las más recientes, en Battery Park City. Ver: nycgo.com

Izquierda: La Maratón de la Ciudad de Nueva York cuenta con una competición de sillas de ruedas.

Arriba: Muchos corredores aseguran que esta maratón es para ellos una experiencia inolvidable, que su organización es impecable y que el apoyo del púbico es enérgico.

Un nuevo trazado transformó la carrera anterior e introdujo un nuevo punto de salida en Staten Island, concretamente en el característico puente Verrazzano. Una vez libre de los límites de Central Park, la gente ya no podía evitar fijarse en una carrera que recorría las principales avenidas. Cada vez eran más los que deseaban participar en un espectáculo público de aquellas características, y las inscripciones ese año alcanzaron las 2.100. En ediciones posteriores, los participantes no dejaron de aumentar, y llegaron a ser 14.000 en 1979.

La carrera constituye un recorrido turístico, además de un evento deportivo, y llega a puntos de la ciudad que muchos turistas no llegan a ver. Proporciona vistas impresionantes del puerto, la Estatua de la Libertad y la parte baja de Manhattan, así como una ascensión dura pero emocionante al Puente de la Calle 59. Al llegar a Manhattan, los maratonianos giran hacia el norte por la Primera Avenida y cubren un tramo largo que les lleva al Bronx, antes de regresar a Central Park, donde está la meta, por Harlem y la Quinta Avenida.

La mayoría de actos, empequeñecidos por el descomunal tamaño de la ciudad, luchan por captar la imaginación de neoyorquino medio. Pero el día de la Maratón es distinto. El primer domingo de noviembre, sus

DATOS DE LA CARRERA

CUÁNDO: Noviembre
INSCRIPCIÓN: Noviembre del año anterior
N° DE PARTICIPANTES: 45.000
NIVEL DE DIFICULTAD: 6/10
CONSIDERACIONES ESPECIALES: Empezar a correr temprano en noviembre significa que puede hacer bastante frío, por lo que hay que llevar prendas térmicas por si acaso. Muchas pendientes y puentes, además de montones de gente.

Puede haber aglomeraciones, sobre todo al principio. Reserva mucho tiempo para llegar al punto de salida.
CONTACTO:
ING New York City Marathon
New York Road Runners
9 East 89th Street
New York, NY 10128, Estados Unidos
☎ +212 423 2249
✉ marathonmailer@nyr.org
🖳 www.ingnycmarathon.org

Arriba: Nunca falta apoyo moral a lo largo de la carrera.

habitantes dejan lo que estén haciendo y salen a animar a los corredores. Más de 100 grupos de música en vivo tocan a lo largo del recorrido, y convierten el acto en un pequeño carnaval.

Cada año, 100.000 personas solicitan una de las 45.000 plazas disponibles. Los organizadores cobran una cantidad considerable a los operadores extranjeros que quieran reservar plazas, pues saben que el atractivo de esta carrera hace que los corredores estén dispuestos a rascarse el bolsillo.

En 1976, los organizadores de la Maratón de Nueva York crearon el patrón de las maratones modernas. Ya no se trataba de encontrar un recorrido con el que se cubriera la distancia exacta, sino de una manera de unir a una ciudad, de permitir a los participantes realizar una gran excursión por Nueva York y experimentar algo verdaderamente mágico. Ese espíritu sobrevive en las ediciones más recientes, y ha avivado una pasión por correr maratones que se ha propagado por todo el mundo. Si bien la prueba actual está en deuda con la maratón original de Atenas, no es menos cierto que la visión de los organizadores de la Maratón de Nueva York debe ser valorada por todos los entusiastas de esta carrera.

Maratón de los Marines | Estados Unidos

La Maratón de los Marines se define a sí misma como «La Maratón de las personas», y se basa más en complacer a la gente corriente que en intentar atraer a participantes de élite (sin ir más lejos, y en contra de lo que suele ser habitual, no hay premio en metálico). Desde la tragedia del 11-S de 2001, correr la más patriótica de las maratones se ha considerado a menudo como una muestra de respeto hacia aquellos que han sido víctimas de la guerra, ya sean civiles o integrantes de las fuerzas armadas.

De los 30.000 participantes que se inscriben cada año —las plazas suelen llenarse a las pocas horas de abrirse la inscripción por internet— una media del 40 por ciento participa en una maratón por primera vez. La carrera se organiza por el placer de correr solamente, y a los participantes les atrae lo plano y uniforme del recorrido, así como la posibilidad de correr por la capital de Estados Unidos.

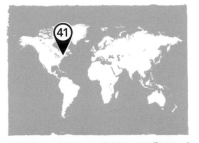

UNA VEZ ALLÍ

La Maratón de los Marines se desarrolla en Washington D.C. Aunque pueda no tener el bullicio de Nueva York, la ciudad está llena de monumentos famosos, como la **Casa Blanca**, el **Capitolio** y el **Lincoln Memorial**. Es probable que, si estás en la ciudad, quieras ver a Abraham Lincoln: su monumento es más un templo, adornado con 36 columnas dóricas, y se encuentra entre las demás atracciones principales. Washington también es hogar del **Smithsonian**, el mayor complejo museístico del mundo.

Izquierda: La Maratón de los Marines encarna el patriotismo más puro y desacomplejado.

Derecha: Los lugares emblemáticos son sólo parte del atractivo de esta maratón. Muchos ciudadanos estadounidenses la corren para demostrar públicamente su apoyo al trabajo de las tropas estadounidenses.

DATOS DE LA CARRERA

CUÁNDO: Octubre
INSCRIPCIÓN: Con un año de antelación
N° DE PARTICIPANTES: 30.000
NIVEL DE DIFICULTAD: 5/10
CONSIDERACIONES ESPECIALES:
Carrera adecuada para principiantes, aunque con pendientes, colinas y un puente. Se habla de aglomeraciones en el transporte público antes y después de la carrera, por lo que conviene ir con tiempo.

CONTACTO:
Marine Corps Marathon
PO Box 188
Quantico, VA 22134, Estados Unidos
☎ 1-800-RUN USMC
✉ marine.marathon@usmc.mil
🖥 www.marinemarathon.com

La carrera se inicia con el himno nacional, el juramento de fidelidad a la bandera, y un mar de banderines llenos de estrellas que ondean a la luz otoñal. Se trata de un tipo de patriotismo no excluyente, pues entre la multitud se encuentran numerosos corredores extranjeros que hacen ondear las banderas de sus países. El vuelo supersónico de un caza F/a-18 Hornet, y de unos helicópteros CH-53 Sea Stallion, marca un inicio adecuado a esta gran carrera.

La maratón serpentea por las inmediaciones del río Potomac, y pasa por los puntos más elevados en los kilómetros 5 y 13, aunque los puntos emblemáticos de la ciudad se reservan para mucho más adelante, entre los kilómetros 25-32. En ese punto, los corredores rodean la Reflecting Pool, pasan junto al Lincoln Memorial, recorren la Constitution Avenue, flanqueados por la Casa Blanca a un lado, y el Washington Memorial, al otro. Después vienen los museos, el Grant Memorial y, finalmente, el Capitolio. Tras este gran recorrido turístico, los corredores vuelven a cruzar el Potomac para recorrer el último tramo, pasan cerca del Pentágono y llegan al Iwo Jima Memorial, donde se encuentra la meta.

Aun sin tener en cuenta los monumentos, la ciudad luce en todo su esplendor en el momento de la carrera, con sus vivos colores otoñales.

Arriba: La carrera ofrece una ocasión para expresar el orgullo militar de los Estados Unidos de América y el apoyo que sus fuerzas armadas reciben de sus amigos y familiares.

Maratón del Reggae | Jamaica

La Maratón del Reggae es un carnaval, una fiesta gastronómica y una locura musical, todo en uno. Los organizadores pretenden atraer a corredores de todo el mundo para que experimenten lo que ellos llaman «correr en el paraíso». Este evento internacional inició su andadura a nivel local, con unos cuantos corredores que se reunían en el pantano de Kingston, conocido como «The Dam» [La Presa]. Fundaron un club al que llamaron de los «Jamdammers» en 1995, y para celebrar su quinto aniversario nació la Maratón del Reggae. Actualmente se encuentra ya en su segunda década, y sigue poseyendo un carácter único.

El nombre de la maratón no puede sorprender, considerando que Jamaica es el lugar del nacimiento de Bob Marley, leyenda de la música reggae. Tal es su legado que los hijos del cantante han participado en la carrera, pero ésta atrae tanto como la música. La Maratón del Reggae se corre el primer sábado de diciembre, y da inicio cuando todavía es de noche, a las 5:15 de la madrugada, cuando, según los lugareños, hace «frío», aunque a los que provienen de climas más extremos les parecerá que se trata de una temperatura ideal. Para el invierno jamaicano, «frío» significa unos 25 °C. Cuando el sol sale (un par de hora después de iniciada la carrera), la temperatura asciende hasta alcanzar los 32 °C.

Abajo: Los habitantes de la ciudad acuden en masa a apoyar a los corredores de esta atractiva maratón.

Antes de la carrera tiene lugar lo que se conoce como la mejor fiesta de la pasta del mundo. El día de la maratón se organiza una procesión de antorchas de bambú (tiki), que da un aspecto casi místico a la escena, mientras los atletas se congregan en la línea de salida, todo ello subrayado por el inconfundible sonido de los tambores de los rastas. Los corredores ponen rumbo al sur por Long Bay hasta la rotonda del Negril, donde emprenden el regreso que les llevará al punto de partida.

Los que participan en la carrera de 10 kilómetros se detienen ahí, pero los que corren la media maratón prosiguen hasta un segundo punto de giro, emplazado en el otro extremo de Long Bay, antes de regresar. Los maratonianos van más allá, y siguen por la panorámica carretera de la costa, que tiene playas en el lado izquierdo y unas marismas llamadas «la Gran Morass», en el derecho. Varios de los nombres en este tramo —Bloody Bay [Bahía Sangrienta] y Crocodile Rock [Roca del Cocodrilo], por ejemplo—, suenan como recién salidos del mapa del tesoro de algún pirata.

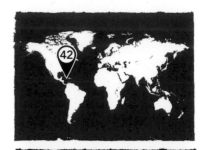

UNA VEZ ALLÍ

Puede parecer que Jamaica está llena de turistas, pero todavía quedan muchas joyas por explorar. Las **playas** lo son, y entre las más apreciadas por los locales está la **Dr's Cove**. Las **Blue Mountains** son muy conocidas por su café, y son un buen lugar para realizar caminatas y admirar la vida salvaje. También puede visitarse **Golden Eye**, el hogar del escritor Ian Fleming, creador de James Bond, que usó frecuentemente la isla para situar sus películas del agente 007. Ver: www.visitjamaica.com

Izquierda: Las carreras empiezan en el Long Bay Beach Resort, a lo largo de los 11 kilómetros de sus arenas blancas. La salida es muy temprano, para aprovechar al máximo el aire fresco de la mañana.

Abajo: Los primeros en llegar a la meta habrán terminado antes de que el día empiece para mucha gente.

Junto con el impresionante paisaje natural se suceden las mejoras introducidas en él por el ser humano: equipos de sonido, cabinas de DJs, y coches con los altavoces colocados en el capó con la música a todo volumen. A los lados se congrega público siempre dispuesto a ofrecer su ayuda, una ayuda que puede traducirse en rociar con agua, ofrecer bebidas con glucosa o hacer sonar sus clásicos del reggae para que el ritmo no decaiga. El humo de las barbacoas asciende desde la línea de meta cuando la carrera, sin solución de continuidad, se convierte en una gran fiesta de clausura en la que suenan los éxitos más recientes del reggae y se sirve un menú completo de pollo y cabrito al curry con arroz y guisantes. También se sirve un desayuno posmaratón en una localidad de nombre muy acertado: Margaritaville. Asegúrate de cruzar la línea de meta antes de llegar allí.

DATOS DE LA CARRERA

CUÁNDO: Primer sábado de diciembre
INSCRIPCIÓN: Noviembre
N° DE PARTICIPANTES: 1.500
NIVEL DE DIFICULTAD: 7/10
CONSIDERACIONES ESPECIALES: La carrera empieza de madrugada para aprechar las temperaturas más frescas. A tener en cuenta: la visibilidad limitada hasta que sale el sol, y el calor cuando se hace de día.

CONTACTO:
Reggae Marathon Ltd
87–89 Tower Street
Kingston, Jamaica
☎ +876 922 8677
✉
🖥 www.reggaemarathon.com

Maratón del Toronto Waterfront | Canadá

Con tres de las mayores maratones de Norteamérica a un tiro de piedra —Nueva York, Boston y Chicago—, habría podido perdonársele a Toronto que hubiera organizado un evento más modesto. Pero esta maratón, como las de otras grandes ciudades, atrae sin complejos a atletas de élite a su carrera de nivel internacional.

La razón hay que buscarla en el lago Ontario. Es innegable que correr junto al agua es algo especial, y Toronto tomó esa idea y la desarrolló; de hecho, los 42,2 kilómetros de recorrido de la Maratón Scotiabank Toronto Waterfront discurren junto al lago.

Toronto tiene, además, otra carta que jugar. Por más sorprendente que parezca, Naciones Unidas afirma que la metrópolis canadiense es la ciudad étnicamente más diversa del mundo, en la que casi la mitad de sus habitantes proceden del extranjero. Así pues, los atletas de todos los rincones del mundo pueden sentirse como en casa. Nacionalidades que en otras partes del mundo se considerarían enemigos irreconciliables, parecen hacer causa común en Toronto. La carrera integra esa diversidad haciendo que su trazado recorra expresamente los 10 barrios étnicos diferenciados, cada uno con su manera peculiar de celebrarla. Los inscritos pasan por Little Poland, Little Italy y avanzan hacia el Caribe, tras lo cual van al encuentro de los vistosos atuendos de los habitantes de Little India. A partir de ahí los ritmos de Bollywood marcan el paso en dirección a Little Asia, donde tocan 16 grupos musicales que, cómo no, elevan la moral de los participantes.

Esta carrera inició su andadura como media maratón en 1990, y tras cierto éxito se convirtió en maratón completa. El trazado marítimo se adoptó en 1999 y, con su recorrido por calles anchas y con vistas, allanó el camino para su futura expansión. Al anunciar, hábilmente, la maratón como una alternativa más accesible que la de Nueva York, y al dirigirla sobre todo a los británicos primero, y a los mexicanos después, el mercado respondió, y la participación extranjera empezó a parecer un reflejo de la diversidad étnica de la población local.

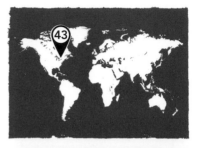

UNA VEZ ALLÍ

Suele hablarse del característico perfil de la ciudad, pero la mejor manera de apreciarlo es desde el otro lado del lago. A las **Islas de Toronto** se llega tras un breve viaje en transbordador, y desde ellas la vista de la ciudad es extraordinaria. Aquí hay un parque de atracciones, además de jardines, senderos y una playa. Este es el lugar al que los habitantes de la ciudad acuden para desconectar. Si lo que te interesa es la vida urbana, explora los muchos barrios étnicos del centro, entre ellos la aromática **Chinatown**. **Little Tokio** ofrece uno de los mejores sushis del mundo. La delincuencia se ha convertido recientemente en un problema en algunas áreas de la ciudad, por lo que conviene preguntar en el hotel qué zonas son seguras.

Arriba derecha: La Torre CN es un hito claramente visible desde el frente marítimo de Toronto.

Derecha: Los arcos hechos con globos indican que la línea de meta ya no queda lejos.

En cuanto a rendimiento, en 2005 se batió un récord que figura en el Libro Guinness: un hombre conocido como «The Joggler» (El Malabarista), corrió durante tres horas y 7 minutos sin dejar de hacer malabarismos. Y Ed Whitlock, de 73 años, estableció la asombrosa mejor marca de su edad al correr la maratón en 2:54. En ediciones más recientes, el grupo abierto a todas las edades ha emulado el esfuerzo de Whitlock, y el récord de la carrera ha mejorado, pasando de 2:09 a 2:08, y siendo en la actualidad de 2:07.

Tanto la maratón como la media maratón arrancan en el mismo punto del centro de Toronto. Tras 18 kilómetros, los inscritos en la media maratón se desvían para terminar, mientras que los maratonianos prosiguen para realizar un recorrido por el lado oriental de la ciudad. Si alzas la vista verás el perfil de la ciudad al otro lado del lago, y uno de los edificios más altos del mundo: la Torre CN, antes de avanzar hacia la zona de playas y, finalmente, hacia la línea de meta.

DATOS DE LA CARRERA

CUÁNDO: Octubre
INSCRIPCIÓN: Hasta enero del mismo año
Nº DE PARTICIPANTES: 15.000
NIVEL DE DIFICULTAD: 5/10
CONSIDERACIONES ESPECIALES: Las condiciones meteorológicas son impredecibles.

CONTACTO:
Scotiabank Toronto Waterfront Marathon
264 The Esplanade
Toronto, Ontario, M54 4J6, Canadá
☎ +1 416 944 2765
✉
🖳 www.torontowaterfrontmarathon.com

Maratón Internacional de las Cataratas del Niágara | Estados Unidos y Canadá

Son pocas las maratones que empiezan en un país y terminan en otro, pero eso es sólo una parte de la fama de la Maratón Internacional de las Cataratas del Niágara. Lo que también le ha dado popularidad es su línea de meta, situada a dos pasos del vapor de agua que se eleva de la mismísima cascada.

La idea de organizar una maratón desde Buffalo, Nueva York (Estados Unidos) hasta las cataratas del Niágara, en Ontario (Canadá), la concibió un grupo de músicos corredores de la Orquesta Filarmónica de Buffalo que con frecuencia se reunían para recorrer la larga distancia que separa el Puente de la Paz, en Fort Erie, del Puente del Arco Iris, en las cataratas del Niágara, que concretamente es de 30 kilómetros.

Bautizaron a su carrera como «De puente a puente», según recuerda Jesse Kregal, percusionista que formaba parte del grupo

UNA VEZ ALLÍ

Por «Cataratas del Niágara» se conocen las tres cascadas de la zona, y todas ellas merecen una inspección detallada. Son las **Cascadas de Herradura canadienses**, las **cataratas estadounidenses**, y **las del Velo de Novia**. Niágara es una ciudad de 82.500 habitantes, pero todos los años los saltos de agua atraen a más de 14 millones de visitantes de todo el mundo, por lo que la localidad tiene un aire cosmopolita. Hay dos casinos, tres parques acuáticos y varias salas de fiestas. A treinta kilómetros al norte, donde el río Niágara vierte sus aguas en el lago Ontario, se encuentra la población de **Niagara-on-the-Lake**, una de las comunidades más hermosas de Canadá, donde se celebra el famoso Shaw Festival Theatre.

Izquierda: Ésta es una carrera llana y rápida, con mucho apoyo ofrecido por la organización.

Derecha: Para la mayoría de corredores, la ruta escénica y la sobrecogedora línea de meta son lo que convierte a esta maratón en algo mágico.

Página siguiente: El otoño se deja sentir a lo largo de todo el recorrido, con los variados colores de las hojas.

DATOS DE LA CARRERA

CUÁNDO: Octubre
INSCRIPCIÓN: Hasta marzo del mismo año
N° DE PARTICIPANTES: 1.000
NIVEL DE DIFICULTAD: 5/10
CONSIDERACIONES ESPECIALES:
Dado que se corre por el camino de un parque natural, el contacto con el público puede ser escaso cuando más se necesita.

CONTACTO:
Niagara Falls International Marathon
5300 Willmott Street
Niagara Falls, Ontario, Canadá L2E 2A7
☎ +905 356 9460
✉ info@niagarafallsmarathon.com
🖥 www.niagarafallsmarathon.com

original. Sus familias los acompañaban y se unían a ellos para irse todos de picnic al final de la carrera. «Entonces tuvimos la brillante idea de organizar una carrera que empezara en algún lugar de Buffalo y terminara en las Cataratas», comenta Kregal, que llegó a ser director de la maratón. Los inscritos se visten para la carrera en el escenario atípico de una galería de arte. La línea de salida, en Búfalo, no es demasiado espectacular, pues los participantes prácticamente abandonan al momento la ciudad para cruzar el Puente de la Paz, que los lleva a Canadá. Hay algo de público en el camino que anima a los atletas, sobre todo gente del lugar, pero la principal recompensa la proporcionan las extraordinarias vistas.

La maratón inaugural se corrió el 26 de octubre de 1974, y la carrera ha seguido atrayendo a miles de participantes. Ello se debe, en gran parte, a la belleza otoñal del paisaje, y de unas carreteras que Winston Churchill describió como «el paseo dominical más impactante del mundo».

Para otros, el momento cumbre de la carrera llega pronto, al dejar Estados Unidos y entrar en Canadá tras unos 8 kilómetros. A la izquierda aparece la vasta extensión de agua del lago Erie, y a la derecha, el inicio del Camino Fluvial del Niágara. Si el día es despejado, desde ahí es posible ver la nube de vapor de agua que se eleva desde las Cataratas, a 27 kilómetros de distancia río abajo. La línea de meta está instalada a sólo 50 metros de las Cascadas de Herradura, una maravilla de la naturaleza que todos los años atrae a 14 millones de visitantes.

Maratón de La Habana | Cuba

Como ocurre con casi todo lo que se muestra en la capital cubana, la «Marabana» tal vez no pueda competir con la grandes maratones internacionales, pero permite captar íntimamente el carácter del lugar. Sentirás el privilegio de correr junto a lugareños que se apañan sin todos esos accesorios tecnológicos que los corredores de otras partes parecen considerar imprescindibles.

Aquí, salir a correr sin geles o bebidas energéticas, sin prendas de ropa que «eliminan» el sudor, es algo bastante corriente. La Maratón de La Habana se parece a las de antes de que los que se dedican al márquetin se pusieran manos a la obra. Bueno, los hay que no tienen ni zapatillas deportivas. Por ello, muchos participantes extranjeros llevan algún par de zapatillas viejas para donarlas a sus competidores descalzos, en un gesto de verdadera camaradería.

El evento puede parecer con frecuencia algo aleatorio y espontáneo, en el que incluso el proceso de inscripción es algo que se inicia apenas unas horas antes de que suene el pistoletazo de salida. Es frecuente que el encargado de bajar el banderín que da inicio a la carrera sea algún campeón olímpico, como ya han hecho Alberto Juantorena, Ana Quirot y Javier Sotomayor.

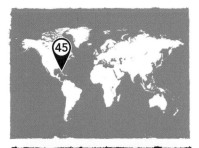

UNA VEZ ALLÍ

En el **Museo de la Revolución** puede leerse todo sobre Cuba. Ahí se exponen los ideales revolucionarios, y ahí está recogida la historia del estado moderno. Hay un encantador santuario dedicado al **Che Guevara**, que incluye mechones de su pelo y fragmentos de sus calcetines. No puedes irte de la capital sin realizar un **recorrido por la ciudad** en algún Cadillac de la década de 1950, todavía en perfecto funcionamiento. Haz una parada en la **fábrica de cigarros puros** para ver cómo se elaboran los habanos, famosos en el mundo entero.

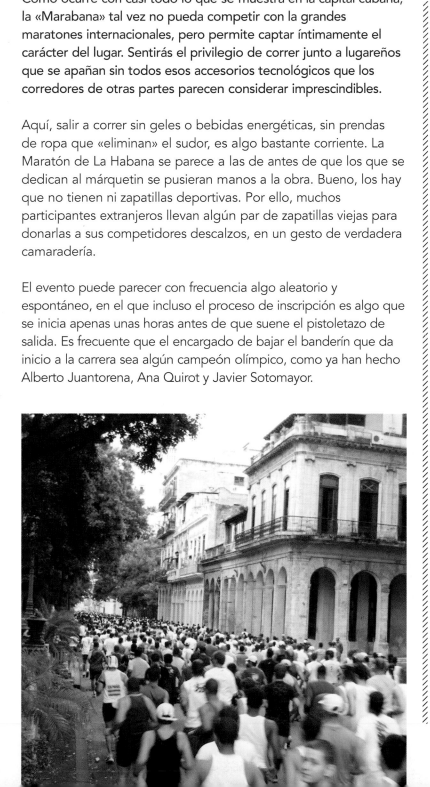

Izquierda: La Maratón de La Habana consiste en dos vueltas a una ciudad que posee un encanto propio del Viejo Mundo.

La carrera consta de dos vueltas, y la media maratón se corre simultáneamente, y consiste en completar una sola. Tras la salida en el Paseo del Prado, el recorrido conduce hacia el Malecón, un ancho bulevar en el que rompe el oleaje atlántico, que en ocasiones salpica tanto el pavimento como a los corredores. Después se interna en la ciudad y pasa junto al Complejo Deportivo de Raúl Díaz, antes de regresar hacia La Habana Vieja, dejar atrás el Capitolio y el Malecón, y acercarse al monumental espacio público que es la Plaza de la Revolución.

El calor y la humedad pueden ser acusados, pero hay estaciones de avituallamiento que ofrecen agua y naranjas cada 2-3 kilómetros. Desde el punto de vista topográfico, La Habana supone un reto relativo; el reto cultural resulta mucho mayor, e infinitamente más agradecido. Los primeros 9 kilómetros siguiendo la línea de la costa son planos, y cuando la carrera se interna en la ciudad, hasta completar la primera vuelta, el terreno se vuelve más ondulado.

Arriba: La Habana h asido declarada Patrimonio de la Humanidad por la Unesco, y la Maratón saca partido de todo lo que la ciudad ofrece.

Derecha: La carrera no está pensada sólo para los corredores de maratones.

DATOS DE LA CARRERA

CUÁNDO: Noviembre
INSCRIPCIÓN: Hasta marzo del mismo año
N° DE PARTICIPANTES: 3.000
NIVEL DE DIFICULTAD: 6/10
CONSIDERACIONES ESPECIALES: La calidad del aire puede verse afectada por el humo del tráfico, y las temperaturas pueden alcanzar los 30 °C.

CONTACTO:
☎ +537 641 0911
✉ marabana@inder.cu
🖥 www.inder.cu/marabana

Maratón de Chicago | Estados Unidos

Organizada por primera vez en 1977 como la Maratón del Alcalde Daley, el evento quedó establecido como «la Maratón de América» a principios de la década de 1980. El británico Steve Jones batió un récord mundial aquí en 1984, lo que atrajo la atención de corredores de élite que iban en busca de carreras rápidas, pero en 1987, la incertidumbre sobre los patrocinios hizo que la financiación disminuyera, y los atletas profesionales desertaron. Aunque la maratón siguió celebrándose todos los años, no tuvo patrocinador en las ediciones de 1991 y 1992. Pero entonces LaSalle Bank aceptó el patrocinio que garantizaba la presencia de algunos de los mejores corredores del mundo. Y empezó a rivalizar con Londres, Nueva York y Boston, como demuestran los récords mundiales establecidos por Jalid Januchi en 1999, Catherine Ndereba en 2001 y Paula Radcliffe en 2002.

Más de 4.200 corredores se inscribieron en la maratón inaugural de 1977, lo que la convirtió en la mayor del mundo en su momento. En los últimos años ha sido la cuarta en número de participantes, y parece bien posicionada para adelantar a Londres y Berlín.

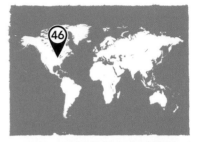

UNA VEZ ALLÍ

Después de consumir todas esas calorías, explora las delicias culinarias de la ciudad, desde la pasta que se prepara en **Little Italy** hasta las hamburguesas del **Milenium Park Grill**. La Maratón de Chicago es una buena ocasión para probar los grandes y variados sabores de la ciudad. Inmediatamente después de la carrera, los participantes pueden celebrar su hazaña en la **27 Mile Post-Race Party**, que se organiza en el Grant Park. Todos los inscritos mayores de edad reciben gratuitamente una cerveza 312 Urban Wheat Ale, de la marca Goose Island, que tiene su fábrica en la ciudad.
Ver: gochicago.com

Izquierda: Las multitudes nunca disminuyen en esta maratón con participación masiva.

Derecha: El centro de Chicago orece algunas grandes distracciones a los corredores fatigados.

Páginas siguiente: La diversión y la buena voluntad son evidentes a lo largo de esta maratón.

DATOS DE LA CARRERA

CUÁNDO: Octubre
INSCRIPCIÓN: Hasta enero del mismo año
Nº DE PARTICIPANTES: 45.000
NIVEL DE DIFICULTAD: 4/10
CONSIDERACIONES ESPECIALES:
Un tiempo impredecible: tanto puede hacer frío como viento, o sol. En los últimos años se ha impuesto el calor, pero es aconsejable llevar algo de abrigo por si acaso.

CONTACTO:
Bank of America Chicago Marathon
135 S. LaSalle St., Suite 1160
MC: IL4-135-11-61
Chicago, IL 60603, Estados Unidos
☎ +312 904 9800
✉ office@chicagomarathon.com
🖥 www.chicagomarathon.com

La carrera es plana, se inicia en el centro de la ciudad y serpentea por los todos los barrios étnicamente diferenciados. Los residentes locales dejan sentir su presencia en cada etapa de la carrera, y compiten por que su zona sea la que brinda un apoyo más entusiasta. Entre las atracciones propuestas están los animadores masculinos de Boystown, el imitador de Elvis Presley contratado por Fleet Feet en Old Town, la iglesia de Saint Patrick en West Loop, la banda de mariachis en Pilsen, y los dragones danzantes en Chinatown.

El recorrido de la maratón discurre junto a varios lugares emblemáticos, entre ellos la Torre Willis, de 110 plantas (el edificio más alto de Norteamérica), el Teatro de Chicago, en State Street, el Zoo de Lincoln Park, la Casa Charles J. Hull y Wrigley Field.

El trazado circular de la carrera permite a los espectadores ver a los maratonianos en más de un punto. Con inicio y final en el centro, corredores y público pueden ir a pie desde su hotel a la línea de salida, y regresar al terminar, evitándose la molestia de tomar transportes públicos.

La «ciudad del viento» ofrece, de hecho, unas condiciones meteorológicas bastante favorables para correr, como lo demuestran los récords mundiales que se han conseguido en ella. La media de las temperaturas máximas de octubre es de 16 °C, y la media de las mínimas, de 8 °C.

Maratón de Mazatlán | México

La línea de salida de la Gran Maratón Pacífico de Mazatlán, ciudad situada al noroeste de México, parece más una concentración de peregrinos que una carrera. Acuden jóvenes y viejos, personas en sillas de ruedas y con muletas, ciegos y sordos, y todos participan en un evento que es testimonio de inclusión y del triunfo del espíritu humano sobre la adversidad.

Mazatlán, en el estado de Sinaloa, es conocida como la Perla del Pacífico, por sus playas y su rica fauna marina. En Mazatlán hace calor, y de promedio, la temperatura máxima diurna es de 26 °C en diciembre.

La carrera se organizó por primera vez en 1999, cuando la cervecera Pacífico Brewery quiso conmemorar su centenario creando un evento deportivo como parte de una celebración más amplia de la cultura local. Había sólo una condición: que la carrera recorriera el Malecón de Mazatlán, el más largo del mundo, que proporciona grandes vistas del océano Pacífico.

La maratón es el acto principal, pero se organizan carreras para todos los públicos: la de 5 kilómetros, la de 10 kilómetros, una media maratón, y la de 10 kilómetros en silla de ruedas. En su breve historia, la carrera ha atraído a algunos de los maratonianos más famosos de México, entre ellos a Dionicio Cerón y a Germán Silva.

UNA VEZ ALLÍ

Hay playas para el día en una zona conocida como la **Zona Dorada**, así como una animada vida nocturna. Una manera distinta de ver un pedazo de vida es apuntarse a una excursión en barca a la **Isla de Piedra**, que cuenta con 20 kilómetros de playa abierta tapizada de cocoteros. Hay muchos **chiringuitos con techo de paja** donde disfrutar del ambiente relajado y tomarse una bien merecida cerveza tumbado en una hamaca. También hay vida nocturna en la ciudad, con música en vivo en bares como el **Joe's Oyster Bar**. Ver: mazatlan.travel

Izquierda: La carrera es muy panorámica, y recorre la costa, pero puede hacer viento, y mucho sol.

La hidratación es una cuestión a tener en cuenta con las altas temperaturas, por lo que se instalan estaciones de avituallamiento cada 2 kilómetros en las que los participantes encuentran hielo, agua, y bebidas energéticas con glucosa. El servicio médico realiza un gran despliegue, con diez especialistas en medicina deportiva y 120 asistentes sanitarios de guardia para todos los corredores.

El Festival de la Luz, del que la maratón forma parte, lo organiza la empresa cervecera Pacifico Brewery (una de sus cervezas es la «Pacific Light»), y la Asociación de Hoteleros de Las Tres Islas de Mazatlán. Durante la celebración se programa uno de los espectáculos de pirotecnia más importantes de América. También se celebra una comilona previa, rica en carbohidratos, en la que unos 10.000 asistentes se zampan otros tantos platos de pasta y, por supuesto, se sirve la refrescante cerveza de Pacifico.

Arriba: Carrera de sillas de ruedas, que se celebra a la vez que se corre la Maratón de Mazatlán.

Derecha: La carrera por la ciudad colonial está abierta a todos.

DATOS DE LA CARRERA

CUÁNDO: Diciembre
INSCRIPCIÓN: Mayo
N° DE PARTICIPANTES: 6.500
NIVEL DE DIFICULTAD: 6/10
CONSIDERACIONES ESPECIALES: El calor puede ser un obstáculo. Lleva alguna bebida energética, por si no hay suficientes el día de la carrera.

CONTACTO:
Gran Maratón Pacifico
Plaza Maratones S.A de C. V.
Río Pánuco No. 157, Col Cuauhtémoc
CP 06500, México D. F.
☎ +525 5280 1716
✉ www.maraton.org

Big Sur Marathon | Estados Unidos

Big Sur, o El Gran Sur, es un tramo de 145 kilómetros de costa californiana, entre el río Carmel, al norte, y la quebrada de San Carpóforo, al sur. La Maratón Internacional de Big Sur se organizó por primera vez en 1986, cuando su fundador, Bill Burleigh, se detuvo a estudiar una sencilla señal de tráfico en el cruce de Río Road y la autopista costera 101. En tanto que residente en la zona y corredor sabía que correr una maratón que pasara por la ciudad de Carmel (anterior alcalde: Clint Eastwood) y recorriera Big Sur, uno de los tramos de costa más espectaculares del mundo, tenía que ser un éxito asegurado. La carrera inaugural atrajo a 1.800 personas, y proporcionó un magnífico telón de fondo de colinas ondulantes, desolada costa pacífica y fuerzas geológicas y meteorológicas que impresionarían a cualquiera que no tuviera mentalidad maratoniana.

En Big Sur la naturaleza está en primer plano, lo que implica que cada día de carrera es un desafío. La primera cuestión es saber si la tierra temblará: por aquí pasa la Falla de San Andrés. La segunda es si habrá algún corrimiento de tierras, como ya ocurrió en 1998 y en 2011, lo que implicó que Burleigh y su sucesor, Wally Kastner, tuvieran que hacer malabarismos para salvar un trazado que resultara asumible. También hay que tener en cuenta lo que pueda deparar el tiempo. No son raros los vendavales, el granizo y la niebla espesa, aunque es igualmente posible encontrarse con unas temperaturas agradables, un cielo azul y despejado, e incluso una brisa ligera que ayude a los corredores a llegar a la línea de meta.

Izquierda: Las plazas para correr en la Big Sur International Marathon se agotan enseguida. No es la carrera más fácil del mundo, pero sus vistas resultan asombrosas.

Las travesuras de la Madre Naturaleza nunca han conseguido que se suspenda la maratón, pero en 1995 unas inundaciones destruyeron el puente del río Carmel, a apenas 200 metros de la meta. Una operación de último minuto aseguró la construcción de una estructura provisional que permitió que el espectáculo (o la «presentación», en terminología de los organizadores) continuara.

La carrera es paisajísticamente inolvidable, discurre bajo los majestuosos bosques de secuoyas de Big Sur, y sobre arroyos que cantan dulcemente durante los primeros 8 kilómetros. A partir de ahí, todo se vuelve más espectacular. Hay montañas a la derecha, con prados verdes y flores silvestres en primer plano. A la izquierda, el océano Pacífico, con su oleaje y sus acantilados rocosos. Si los corredores se fijan bien, tal vez vean ballenas y leones marinos, cóndores y pavos silvestres.

Sin duda, a Bill Burleigh le gustan las yuxtaposiciones irónicas, e introdujo un maridaje innovador entre música clásica y naturaleza. Junto al recorrido, en su ecuador, los participantes se encuentran con un pianista interpretando temas con un gran piano de cola.

Abajo: Los puntos de interés abundan en este recorrido, y con suerte verás incluso ballenas jorobadas.

DATOS DE LA CARRERA

CUÁNDO: Abril
INSCRIPCIÓN: Hasta abril del año anterior
N° DE PARTICIPANTES: 4.500
NIVEL DE DIFICULTAD: 8/10
CONSIDERACIONES ESPECIALES: La exposición al mar hace que las condiciones de vientos, lluvias y sol sean variables. Ve preparado para las tres cosas en el transcurso de la carrera. Hay subidas y bajadas en todo el trazado.

CONTACTO:
Big Sur International Marathon
PO Box 222620
Carmel, CA 93922-2620, Estados Unidos
☎ +8319 625 6226
✉ info@bsim.org
🖥 www.bsim.org/site3.aspx

Las más frías del mundo | Los Polos

Antarctic Ice Marathon, Antártida

La única carrera en la Antártida continental y dentro del Círculo Polar Antártico se celebró por primera vez en 2006 como competición hermana de la Maratón del Polo Norte. El precio de inscripción, de 10.000 euros, la hace casi tan cara como aquélla. La participación no ha dejado de aumentar, pero en la actualidad el límite de inscripciones se ha fijado en 40. El recorrido de la maratón incluye 25 kilómetros de recorrido «externo» seguidos de 17,2 kilómetros de recorrido «interno». Se organiza también una carrera de 100 kilómetros en 4 vueltas al circuito de 25 kilómetros, que se corre otro día.

La maratón discurre a 1.000 metros de altitud, con un fondo espectacular de montañas y colinas. Las condiciones del suelo restan energía, aunque éste se aplana y se inspecciona en busca de grietas antes de la

DATOS DE LA CARRERA

CUÁNDO: Finales de noviembre/principios de diciembre
INSCRIPCIÓN: Un año antes
N° DE PARTICIPANTES: El límite es de 40 personas
NIVEL DE DIFICULTAD: 9/10
CONSIDERACIONES ESPECIALES: El clima convierte a esta maratón en uno de los mayores desafíos del mundo.

CONTACTO:
Antarctic Ice Marathon
Polar Running Adventures
2 Atlanta House
Dominick Street, Galway, Irlanda
☎ +353 91 516 644
✉ rdeicemarathon.com
🖥 www.icemarathon.com

DATOS DE LA CARRERA

CUÁNDO: Primera semana de abril
INSCRIPCIÓN: Dos años antes
N° DE PARTICIPANTES: 54
NIVEL DE DIFICULTAD: 9/10
CONSIDERACIONES ESPECIALES: No es, de ningún modo, una maratón al uso. Con temperaturas de –30°C y una cuota de inscripción de 12.000 euros, se corre sobre hielo, no sobre tierra.

CONTACTO:
North Pole Marathon
Polar Running Adventures
2 Atlanta House
Dominick Street
Galway, Irlanda
☎ +353 91 516 644
✉ rd@npmarathon.com
🖥 www.npmarathon.com

carrera, que suele tener lugar en diciembre. Los competidores, a veces, combinan su participación en la carrera con un ascenso al Monte Vinson (la montaña más alta de la Antártida), o con un vuelo para pisar el punto geográfico exacto del Polo Sur. La temperatura suele oscilar entre los –10 °C y los –20 °C como máximo. Aquí no existe la vida salvaje, de hecho, no hay vida de ningún tipo. La sensación de lejanía se ve potenciada durante la carrera, porque sólo se oye el viento, y el sonido de la propia respiración.

Maratón del Polo Norte

Prepárate para una maratón al estilo de James Bond. Piensa que te van a soltar desde un helicóptero, que vas a correr sobre el hielo y vas a atravesar el dominio de los osos polares. Tal vez sea cierto que se trata de la «maratón más fresca», pero también es la más cara. Su precio, de 12.000 euros, no incluye el viaje hasta el punto de lanzamiento en Svalbard, a 80° Norte. Aun así, participar en esta maratón es la manera menos cara de visitar el Polo Norte.

El desafío es correr sobre la capa helada del Ártico. La organización de la carrera la inicia todos los años un campamento ruso, establecido por la empresa especialista en logística que deposita por vía aérea y suelta en paracaídas, sobre el hielo, a varios

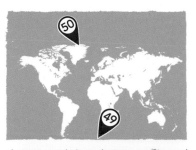

UNA VEZ ALLÍ

Para muchos, el mero hecho de encontrarse en esos extremos confines del mundo ya es una experiencia en sí misma. A diferencia de muchos otros destinos, aquí el terreno es desolado e impredecible. Los corredores llegan hasta aquí no sólo por el gusto de haber llegado hasta tan lejos, sino para participar en una carrera de larga distancia en un lugar en el que muy poca gente ha estado antes. También novedoso para muchos es que el día dure 24 horas en ambos eventos. Después, celebraciones a tope. En la **Maratón del Polo Norte** se organiza una **fiesta del vodka** tras la carrera, y se ofrecen muchas copas al regreso de los atletas a Spitsbergen, Noruega. En la **Antarctic Ice Marathon** suele haber una **gran fiesta en las tiendas de campaña**, concluida la carrera… Y la vida nocturna en **Punta Arenas** puede disfrutarse tanto antes como después del viaje.

Izquierda: La Maratón del Polo Norte es un evento extremo, de ultrarresistencia, para personas con una forma física extraordinaria y una economía muy desahogada.

Página anterior: Esta carrera sólo es apta para corredores muy experimentados.

trabajadores, que son los que construyen una pista de aterrizaje. Las condiciones de terreno pueden ser difíciles en ciertos lugares, pues los corredores deben superar algunos montículos de hielo conocidos como *sastrugi* para completar la maratón. La carrera está bien señalizada, y cuidadosamente preparada para evitar roturas de hielo que hagan visible el mar que hay debajo. Hay 24 horas de luz durante el evento, que normalmente se celebra la primera semana de abril. La temperatura más probable es de −25 °C, y suele estar despejado. No cabe esperar apoyo de ningún público, salvo el del escaso personal ruso que habita en el campamento. Por razones de seguridad, el recorrido es circular, y normalmente se corre en una radio de 5 kilómetros. Los osos polares son una amenaza remota, y en el campamento hay armas por si se materializara algún ataque. El paisaje es espectacular, kilómetros sin fin de hielo, y un sol que no se pone nunca. Se trata de una experiencia irreal para quienes participan en ella.

Abajo: La camaradería se prodiga entre este pequeño puñado de maratonianos.